Mozart

1. Auflage Januar 2011
Mozart
Kulturverein zur Förderung von
Vergangenheitskunst in der Gegenwart
Hamburg
Umschlag: „Grünzeit", Jakob der 18., 1999
Satz und Gestaltung: Gaby Fischer
Überarbeitung: Bernhard Schillo
Printed in Germany
ISBN 978-3-8423-4442-6

Herzlichen Dank für die inhaltliche Beratung an
Cornelius Schwarz
Gaby Fischer
Pierre Dei Gracia

Jakob der 18.

Grüne Revolution

Der Weg ins Paradies

Mozart

Inhaltsverzeichnis

Heinrich Heine

Vorwort

In interdisziplinärer Forschung der fünf Weltreligionen, durch viele Gespräche mit Imamen, Brahmanen, Rabbis, Theologen und anderen Gelehrten im interreligiösen Dialog, durch Besuche in Tempeln, Synagogen, Kirchen und Moscheen und dem Studium vieler Bücher ist nichts so eindeutig wie folgendes:

Die Welt wird nicht bleiben wie sie ist, ein Endgericht wird kommen, die Erde wird sich reinigen um sich auf das neue Zeitalter einzuschwingen. Ein höheres Bewusstsein wird entstehen und Religion und Wissenschaft werden sich vereinigen und eine reine Kunst und Wissenschaft wird unbesiegbar dem nahenden Gottesreich vorausgehen. Zu diesem Zwecke werden sich viele Vereine gründen und zu einem großen Verein verschmelzen und auch eine Monarchie soll Deutschland werden, denn das Friedensreich hat in Deutschland schon begonnen (Jakob Lorber). Alle Weltreligionen reden von einem goldenen Zeitalter, das sich siegreich über die eiserne Dekade des industriellen Imperialismus emporschwingt und ab 2012 den Sieg über alles Widergöttliche auf schmerzlose Art und Weise erlangen wird. Alles Gute wird dann möglich sein.

Doch ist das Paradies kein mystischer Ort sondern das Resultat vieler fleißiger Hände und so bedarf es einer Kulturrevolution um aus dem Schrottplatz des industriellen Imperialismus wieder einen blühenden Garten zu gestalten. Millionen von Traumjobs können geschaffen werden. In der

Architektur, Mode, Kunst und Kunsthandwerk sowie in der Gartenarchitektur werden dann Millionen gebraucht. Allein durch die Wiedereinführung von 7% für Kunst am Bau entstehen etwa 250.000 Traumjobs im bildhauerischen und malerischen Bereich. Schuluniformen verschönern das Lernen und sorgen für etwa 250.000 Modedesigner. Und würde man Marijuana legalisieren, gäbe es genug für mindestens 250.000, wenn nicht gar Millionen idyllischer Homegrow-Züchter und Coffeshop-Besitzer. 500.000 Semi-Rentner wandern aus ins Paradies so dass der Staat mindestens 10 Milliarden jährlich einspart. Für gute Zwecke. So lasst uns, Gärten pflanzen, Bilder malen und edel kleiden, prächtige Häuser bauen, die Fassaden verschönern, Universitäten für Kunst, Mode und Bildhauerei gründen und so etwas wie ein zweites Paradies auf Erden errichten. Denn der große Wandel 2012 steht bevor.

„Uomo Universalis" nach Raffael
von Jakob dem 18.

Die Einweihung

Visionäre Lyrik und Prosa

Der Wolkenmacher

Ich liege im Bett und versuche, meine Gedanken zu sammeln, sie zu ordnen und doch gelingt es mir nicht. Ich fühle mich wie ein malariafiebernder, unfähig, klare Gedanken zu fassen, sie fließen willenlos aus mir heraus und verbinden sich mit Luft und werden zu kleinen, weißen Wölkchen, die zuerst durch den Raum und dann durch das geöffnete Fenster in die weite Welt hinausschweben und zu Ideen werden, die in die Menschen fallen. Vielleicht kann sie jemand gebrauchen. Manchmal bin ich Gott, ich weiß. Meine Kraft, die Energien, die aus mir fließen, lenken die Geschicke des Planeten. Ich versuche, ein guter Gott zu sein, ich möchte Frieden schaffen, nicht Krieg. Ich mache Wolken für den Frieden, mehr kann ich nicht, wenn ich im Bett liege, weil ich zu schwach bin aufzustehen.

Manchmal bin ich Gott, gute Gedanken fließen durch das geöffnete Fenster hinaus in die Welt. Ich träume von einer Kolonie, dort wo es schön und warm ist und keiner mehr arbeiten muß nur ein bißchen malen, bildhauern, musizieren oder schreiben, weil es sowieso sonst langweilig wäre. Oder der Staat kauft die Bilder, jeden Monat eines, und macht dich bekannt, organisiert super Ausstellungen so wie in Holland; Künstlerstaat!!!
Die Kunst für den Staat und der Staat für die Kunst weil beide einander brauchen, so wie der Lahme und der Blinde.
„In irgendeinem Land ist doch jeder reaktionär, und sei es in Kuba" denke ich und mache weiter Wolken. Ich mache jetzt Wolken für eine Kolonie.

Künstler wie ich, denke ich, könnten doch in Indien für die Hälfte leben und gleichzeitig die armen Inder reich machen und nicht den Supermarkt von nebenan, der sowieso schon überquillt; mir wird schlecht.

Eigentlich bin ich unsozial wenn ich an die Inder denke und an den Supermarkt! Warum mache ich die Reichen reicher und bin hier eine arme Wurst, der die Reichen reicher macht, wenn ich doch in Indien ein Reicher wäre und die Armen reicher machen könnte, denke ich und habe schlechtes Gewissen.

Herr Minister,
hiermit beantrage ich das Recht, auf die Hälfte meiner Almosen zu verzichten um sie als Reicher in Indien auszugeben, das könnte Sie doch interessieren. Bitte kaufen Sie mir ein Flugticket und schicken Sie mir das Geld nach Indien,
das wird sich sehr schnell rechnen
das wird sich sehr schnell rechnen
das wird sich sehr schnell rechnen
(ah, er beißt an)
denn ich bin Künstler und kann hier sowieso nicht arbeiten, nur Wolken machen. Ich mache jetzt eine große Wolke für die Kolonie.

Nachrichten aus dem Paradies

Indien. Wir lagen am Strand, Sophie und ich. Aus der Ferne klang das Radio, das uns wie gewöhnlich mit aufbauenden Worten und die von uns kreierte Musik versorgte, auch meine CD wurde letzte Woche gespielt. Ich erhielt den Sendetermin per E-Mail von der Radiostation im Kaiserreich Phantasien und ich präsentierte Sophie stolz beim Frühstück im Shantys meinen ersten Hit. Es war alles so traumhaft. Wir bekamen 300 Euro Semi-Rente, so dass ein einfacher Gang zum Geldautomaten hier in Indien am Strand genügte, um einen weiteren Monat im Paradies zu bleiben. So hatte jeder von uns täglich etwa 500 Rupien (ca. 10 Euro) zur Verfügung und konnte so bei diesen unglaublich günstigen Preisen in Goa dreimal essen gehen und fast ein Luxusleben führen. Was will man mehr? Wir schliefen lange, gingen frühstücken, badeten oder wanderten in der Gegend herum und am Abend trafen wir uns mit Leuten und anderen Musikern und ich spielte ihnen oft meine neuesten Songs vor. Einmal im Monat spielte auch ich wie viele andere auf der großen Strandbühne, Konzerte gab es jeden Tag, doch die erste Partywelle schwellt langsam ab, ich glaube, wir entwickeln uns weiter.

Sophie und ich hatten uns wie fast alle Pärchen hier in Geralds Partnerschaftsagentur kennengelernt, per Mausklick sozusagen. Ich gefiel ihr auf Anhieb scheinbar so gut, daß sie

mich gleich anrief und sofort sehen wollte. Ja, so schnell kann es gehen. Wir haben geheiratet und sind immer noch glücklich. Kinder wären auch drin, wenn ich Schmuck nach Deutschland und anderswo schicke, es gibt ja diesen Versand für Indien-Waren. Wir konnten für etwa 100 Euro monatlich Indien-Fashion und Kunsthandwerk einkaufen und dem Versand in Hamburg zuschicken. So bezahlten wir sogar Steuern an unsere vergangene Heimat Deutschland. Wir bezahlen etwa 50 Euro Miete (zur Unterhaltung) im Monat und hatten dafür WC, Dusche und Strom und genossen oft stundenlang am nachmittag unser Liebesnest beim lesen und kochten auch gern mal in der eigenen Küche. Ein kleiner Garten pflegte die Nachbarschaft mit anderen Musikern aus der gesamten Republik.

Ach ja, und dann das Radio aus dem Kaiserreich Phantasien. Vielen hat es geholfen, sich hier einzufühlen ganz am Anfang, als die Lufthansa Überstunden flog, um alle Semirentner aus gesamt Westdeutschland in ein fernes Land zu übersetzen und sie dann so dort standen, um von einer süßen Moderatorenstimme abgeholt zu werden und sich einzuschwingen auf das indische Paradies, das sie freudig erwartete.

Diese Stimme aus dem Kaiserreich, diesem fernen Kaiserreich irgendwo in Goa, zu dem demnächst Hunderttausende pilgern sollen, wenn es dann nun endlich fertig ist. Übrigens gibt es auch eine Zeitschrift mit dem Namen „Preparadies". Dies soll die letzte Epoche der Menschheit sein vor dem totalen Paradies. Und wir sollen

dies vorbereiten. Also: Préparez les Paradis.

In diesem Sinne haben wir noch viel vor und ihr noch viel zu erwarten von uns aus dem Paradies.

Das Kaiserreich Phantasien

Die Kolonie war soweit. Leuchtend lag sie vor mir, fast wie die Vision eines Traumes. Die Ausgeburt meiner Phantasie. Jahre hatte es gedauert, sie aus dem Olymp eines göttlichen Einfalls in eine schweißtreibend irdische Wirklichkeit zu versetzen. Jahre der Kleinarbeit, die Bewerbung am Goethe-Institut und die vielen kleinen Schritte, die vorsichtig sich in die Wirklichkeit tasteten, wie eine Schnecke, die sich fortbewegt, um über Absätze und Paragraphen letztlich doch ihr Ziel zu erreichen.

Das Geld wurde irgendwann bewilligt und das Kunstwerk des Jahrhunderts, der neue Tarot-Garten*, das Modell eines besseren Lebens, das Substrat eines Ideals, konnte beginnen. Das Stückchen Landschaft war auserkoren und die Behörden und Nachbarn erwarteten mit Neugier die Entstehung dieses so seltsamen Fleckchens Erde, das so gar nicht europäisch sein wollte. Indien war das auserkorene Land, in dem dieser Traum Wirklichkeit werden sollte, denn Indien hatte den nötigen spirituellen Hintergrund und war ein sehr armes Land, dem man jegliche finanzielle Segnung nur wünschen konnte.

Die Zentralidee stellte eine Kunstuniversität im Sinne der von Joseph Beuys gegründeten Free International University dar, die semesterweise Malerei, Bildhauerei, Kostümdesign

---

* Der Tarot-Garten von Niki de Saint Phalle in der Toskana ist ein hervorragendes Beispiel für Kunst in der Landschaft.

und Lehmbau unterrichten sollte, um so Lebensformen für die spätere Kolonie zu schaffen. Insbesondere der große Platz um die Universität herum sollte den vielen kleinen, aber wunderhübschen bunt bemalten Lehmhäusern, die in naher Zukunft in den Semestern in liebevoller Kleinarbeit von den Studenten

errichtet werden sollten, ein ewiges Zuhause schaffen, ein Lebensraum vielleicht für die ganze Lebenszeit. Als die Universität mit seinen drei großen Räumen auf dem kleinen Hügel errichtet war und große arabische Zelte bereitstanden, kamen die ersten Studenten. Es hatte sich schon in der Bauzeit herumgesprochen, was dort wunderbares geplant war und auch die Presse ergoß sich in ersten ausschweifenden Berichten, so waren schon gleich die Zelte gefüllt mit seltsamen, erwartungsvollen, intelligent in die Sonne blinzelnden Studenten.

Die Studiengebühr betrug 250 Euro im Monat, sodass 2.000 Euro inklusive Flug, Kost und Logis ein halbes Jahr Paradiesaufenthalt unter akademischer Anleitung gewährleisten konnten. Den Studenten galt die Aufgabenstellung, innerhalb dieser Zeit (oder länger) ein verkaufsfähiges Produkt (Bilder, Kostüme, Plastiken und Skulpturen) zu entwickeln und zu produzieren, sodass dieses Produkt, in Deutschland verkauft, **300 Euro** oder mehr Erlös einbringe, mit dem eine Existenz in Indien zu gründen möglich wäre und Devisen in das Land fließen.

In Hamburg gab es schon eine Galerie (bald auch ein Kaufhaus der Künste) für diese wundersamen Dinge aus der fernen Kolonie. Als Höhepunkt gehörte es zur Aufgabe, ein Lehmhäuschen zu planen, zu bauen und zu bemalen. Es

lebte sich gut in den Zelten, sie waren orientalisch-indisch eingerichtet und bargen jeweils 10 Studenten, die oft noch abends stundenlang Gitarre, Tablas oder Sitar und andere Instrumente spielten, sich nächtelang unterhielten oder andere Feste feierten. Am Tage ging man zu den Ateliers oder baute an den Lehmhäusern. Auch gab es Vorträge über indische und griechische Mythologie oder kunstgeschichtliche Themen; Aktzeichnen und offene Diskussionen waren der Tagesordnung. Doch war alles sehr locker, und niemand mußte, wenn draußen wunderbar die Sonne schien oder der nahegelegene Strand zu sehr verlockte, am Unterricht teilnehmen, jeder konnte selbst entscheiden, auf welche Weise er sein Studienziel erreichte.

Schon nach dem ersten Semester waren die ersten Häuser fertig und drei Studenten ließen sich auf das Abenteuer ein, länger in der Kolonie zu bleiben und von ihrer Kunst, die sie zur Galerie nach Hamburg schickten, zu leben. So war das erste Jahr ein gelungener Anfang eines Projektes, das in die Jahrhundertgeschichte eingehen sollte. Nach dem dritten Jahr standen etwa 50 Lehmhäuser und es hatte sich schon eine eigene Kultur entwickelt. Es war einfach traumhaft anzusehen, wie sich die Häuser einem organischen Muster folgend rosa, türkis, gelb und erdfarben dem sanften Hügel herabneigend bis zum Palmenhain halbkreisförmig ausbreiteten und so das kleine Künstlerdörfchen **Solaris** bildeten. Auf den Dächern glitzerten in der Sonne die Solaranlagen, die für fließend Wasser und Strom sorgten. Überall war die Luft erfüllt von Musik und die Künstler saßen in der Sonne und malten, sonnten sich oder pflegten eine Unterhaltung. Inzwischen war hier viel los.

Eine Menge Tagestouristen hatten diesen Paradiesgarten entdeckt und auch viele Interessierte aus aller Welt blieben für eine Weile bei uns wohnen. Überall waren Stände aufgebaut und es hatte sich eine geraume Zahl von Kunsthandwerkern bei uns angesiedelt, sodass Bilder, Skulpturen, Kostüme und allerlei Kunsthandwerk den Touristen angeboten wurde. In der Mitte der Anlage gab es ein Café, das sich großer Beliebtheit erfreute und ein Festival der Künste sollte bald viele Hunderte in dieses bunte Paradies locken. Natürlich versuchte man, auch mit der indischen Bevölkerung in den Nachbardörfern in einem fruchtbaren und freundlichen Verhältnis zu leben. Den erstrebten Geldfluß von der ersten in die sogenannte dritte Welt realisierte man durch eine kleine Krankenstation, in der notleidende und kranke Inder kostenlos behandelt und versorgt wurden. Aber auch auf anderen Wegen floss viel Geld in die benachbarte Gegend und so wurde die Kolonie ein großer Segen für diese Region.

Inzwischen war die Bewerberzahl so groß, daß ausgewählt werden mußte. Man versuchte zwar, dem großen Andrang durch den Bau neuer Lehmhäuser zu begegnen, doch war ein gerechtes Auswahlverfahren unentbehrlich. Man traf sich (die Dozenten) und einige Studentenvertreter in einem der großen arabischen Zelte und ließ den Bewerber seine Werke zeigen und seine Intention, gerade hier zu studieren, vor dem versammelten Rat erklären. Häufig waren es junge, begabte und aussteigewillige Künstler, die einen längeren Aufenthalt in Solaris anstrebten oder Studenten aus aller Welt, häufig aus den USA, die ein Wartesemester überbrücken wollten oder ihr **Kunststudium** um eine schöne und interessante Erfahrung bereichern wollten. Durch Fernsehen und Presse aus

aller Welt wurde das Projekt Solaris sehr bekannt und vielerorts diskutiert.

Man hoffe, Solaris werde weiter anwachsen und ein gesellschaftliches Modell vom ökologischen und sozialen Leben verkörpern und modellhaft zeigen, wie Leben in Harmonie mit der Schöpfung auf diesem Planeten möglich sei.

Inzwischen kamen auch einige bekannte und erfolgreiche Künstler dazu und bauten ihre wunderschönen, reich verzierten Villen wie kleine **Schlösschen** in die hübsche Ansammlung von Solaris. Alles war sehr lebendig. Abends traf man sich in dem Café oder dem weißen Tempel inmitten der Anlage, hielt Vorträge und Meditationen und feierte so allerlei Feste. Ständig waren neue Leute aus aller Welt dabei und es wurde nie langweilig. Und der nur wenige Meter entfernte Strand tat das seinige dazu bei, daß jeder sich wohlfühlte und dem Glück immer näher kam.

So war nach den ersten Jahren eine glückliche, kleine Künstlerkolonie entstanden, die rasch anwuchs und sich in aller Welt großer Beliebtheit erfreute.

Für dieses Projekt können Sie auch spenden, siehe Seite 99

Im Zug

Er füllt das Aug' mit Landschaft mir,
wie Honig fließt es in die Seele heim
und dürstet der Großhaftigkeit
in aller Ehrfurcht vor der Schöpfung.
Soviel Heil und Grün dem
kranken Städterherz wie Heuchelei erscheint
und doch mit Recht gestörkt
des Adels grünt die neue Zeit.
Wie Traum erscheint
das satte Grün dem kaum erwachten Hirne zu
und schleichend mischt sich Gegenwart
mit alt vergangener Zeit.

Muß als Moderne so kaputt erschoinen,
wer mischt die Zoiten mit der Zukunft,
werr wogt das Olte noch zu lieben
im eitlen Rausch der Avantgarde?
Fragt sich des jungen Dichters Hirne weich
und lockt zum Tanz der Zeit.

Wo webt das Gestern mit dem Heute
wo zurrt das Spinnrad emsig seine Wolle
wenn Hans und Gretel sich im Wald vertan
und Lahmgelegte schon erwoichen
in der Erinnerung ihrer Zeit.

Was ist, wenn keine Enterprise erscheint
und alle Welt sich rückwärts dröht
im angstgescheuchten Büßerhemd

im Wettlauf mit dem Stundenpilz
im Blindflug unserer Nacht?

Was ist, wenn Dänemarks König Hamlet
heut noch nicht erscheinet
und dennoch kühn dem Nicht-Sein
bannig wann und dann
entgegentroit im Rapsgesang der Autobahn?

Wenn Grüne Träume keine Träume
sondern plötzlich Wahrheit sind
und reich im Duft des Lebens
mit den Mayas kinderlang Verstecken spoin
und Langeweilen nie vergehen,
denn fast schon in der Keiten ewig sind?

Wenn sommerlang die Lindgren emsig die Pullover strickt
und flomm und brav die neuen Kinder hütet,
die dann doch noch aus den Loibern guter Frauen hüpfen
in diese schöne Woilt hinein?

Was ist, wenn künftig keine Priester
in ihrem Lohngesang der Hölle fröhnen,
sondern mit tatgewirkten Worten
dem Turmsturz Babylons das Wasser reichen
und echtes Brot statt den Oblaten ER
auf des Hungers Zunge legt?

Wenn letztlich doch verseuchte Quellen
den Untergang der Wohlstadt zollen
und hier der Preis vieltausendfach den Tod gebärt
als Abgesang der Eitelkeit
und Auftakt der Natur?

Die Juden-Eiche

Es knorrzt gleich alten Eichen
dem Gottes Sohne himmelgleich,
will Klassenkampf Beton erweichen
und statt der Maschinen Eisenreich
der alten Triebe Blätterpracht,
organisch bricht entzwei die Nacht
das Werk ist halbwegs schon vollbracht.

Digital entzückt des ungebornen Fötus Grafen
in unaufdringlich leisen Wehen
zieht das Schiff zum letzten Hafen
der neue Morgen ward gesehen.

Der Trübsal dunkle Exenzeit
nach Ypsilon will weichen
so ist erfüllt die Zahl der Leichen
wenn worldwide wilde Wellen
im letzten Z der Zeit zerschellen.

So ist das Werk wohl halbwegs schon vollbracht.
Ein Land allein durchbrach die Nacht.

Der Völkerschar zum ewigen Licht
sich stellend brav dem jüngst Gericht
des Bösen war schon lang genug,
wir witterten den Selbstbetrug
ganz weise werdend um der Kinder wegen

gerieten wir der Welt zum Segen.
In der deutschen Sonne Tageslicht,
wir sehen die Welt aus Gottes Sicht
und handeln seinem Sohne gleich,
die Welt ist arm, doch wir sind reich.

So ist das Werk wohl halbwegs schon vollbracht,
ein Kind allein durchbrach die Nacht
auf hundert wässgen Wegen
von tausenden der Steg gelegen
ein weißes Pferd an dessen Ende steht
von dem der Wind des Friedens weht.

So auf Ihr Künstler nun wohlan,
viel Gutes ist hier schon getan.
Bevor das rote Pferd sich streckt
und hier die halbe Welt verreckt,
sei Euch der letzte Sieg
verliert auch Ihr, dann gibt es Krieg.

Im Sachsenwald

Golden glitzert das Wasser im See
Das Jahr ist noch frisch wie die Knospen im Baum.
Die Trübsal verschwand mit dem eisigen Schnee
Die Zukunft gewiß nur ein seltsamer Traum.

Doch leuchtend die Sonne durch Äste sich bahnt
und für uns die Märchen der Zukunft noch plant.
Es blinkt durch die Bäume ein glitzernder Schein
es werden wohl Elfen beim Frühlingstanz sein.

Wenn ihr schweigend im Walde vertrauensvoll lauscht
werdet bald von Legenden und Sagen berauscht.

Von Rittersvolk und Burgjungfern,
von Nymphen und von Feen,
die lange schon ein Menschenkind
bei uns hier nicht gesehn.

In allem durchschwängert ist hier die Natur
von einem freundlichen Gotte.
Wir erneuern den alten und ewigen Schwur
allem Unglauben und Frevel zum Spotte.
Vergangenheit weht in unsere Zeit
die Erde ist hier für Neues bereit.

Ein gotischer König durchreitet den Wald
und ist mehr noch als eintausend Jahre alt.
Gefolgt von den Prinzen und höfischem Staat
singt er ein Lied, die Stimme so zart.

Ein Lied fast vergessen so würdig und alt
vom Friedensreich Deutschland,
es komme wohl bald.

Und lärmt noch der Tyrannen Maschinengewalt
die Bauten so häßlich, die Menschen so kalt
erhebt sich ein Drache in furchtbarer Pracht
schleudert Deutschland zur Erde und beendet die Nacht.

Die Türme, sie fallen und Nationen vergehn
geschlachtet wird heute das goldene Kalb
Wir können den Zorn unseres Gottes verstehn
Tyrannen verschwinden wie ein traumhafter Alp.

Die Natur holt sich wieder, was lange verloren
wir haben ihr ewige Treue geschworen
und erfreuen uns heiter am Friedensland,
das ich in einem Walde fand.

Im Sachsenwald an der Bismarckquelle
schrieb ich dies Gedicht ganz auf die Schnelle.

Mir schien, als wäre der Friede so nah
als wären schon die Elfen und Könige da.
Als wären der Ritter und seine holdselige Maid
so freundlich zugegen und all ihre Zeit.

Von Glückseligkeit und Wundern durchdrungen
die Welten erscheinen so klar
von fahrenden Rittern und Feen besungen
der Friede, der Friede ist nah.

Im Sachsenwald, 02.02.2002

Die neue Prophezeiung

Offenbarungen aus den fünf Weltreligionen

Der Messias und die Paradiesvorstellung in den fünf Weltreligionen

Beginnen möchte ich dieses Essay über die erstaunlichen Parallelen einer Messias-Erwartung und Paradiesvorstellung in allen fünf großen Religionen mit dem Hinduismus. Ich hoffe, diese Abhandlung wird dabei helfen, die Ängste und Vorurteile vor dem „fremden" Glauben der anderen abzubauen, die Grenzen zu öffnen und den interreligiösen Dialog dazu anzuregen, sich zu einer geeinten Schar aller Gläubigen zu entwickeln und Frieden beispielhaft zu praktizieren. Denn wenn wir an denselben Gott und denselben Messias glauben und in dasselbe Paradies eintreten, wie können wir da einander noch feindlich gegenüberstehen!

Hinduismus

Die große einige Gottheit verkörpert sich im Hinduismus in den drei Hauptgöttern: Brahma, der Weltschöpfer, Vishnu, der Erhalter und Shiva, der Zerstörer. „Vishnu

behauptet seinen göttlichen Einfluß, in dem er in Zeiten der Dunkelheit und moralischer Verderbnis Tier- oder Menschengestalt annimmt. Die bekanntesten Inkarnationen oder Atavaras sind:
- Rama
- Krishna
- Buddha
- Jesus (Yuga Atava)
und Kalki, das „weiße Pferd", das am Ende der dunklen Zeit, dem Kali-Yuga, kommen wird."[4]

Kali-Yuga kann man auch mit Endzeit übersetzen, es ist unsere Zeit, in der Lieblosigkeit und Streit, Heuchelei und Unwissenheit und Gier vorherrschen. Statt der Religionen, die man weitgehend verdrängte, entstanden leere „ismen." Es ist das „**eiserne Zeitalter**", das vor dem goldenen kommt.

Kalki, das weiße Pferd, das mit den verdorbenen Königen der Erde (die Herrscher der Erde werden auf die Stufe von Plünderern herabgesunken sein) Krieg führen, sie besiegen und das goldene Zeitalter einläuten wird, ist identisch mit dem wiederkommenden Messias in der Offenbarung: „Und ich sah den geöffneten Himmel, und siehe, ein weißes Pferd, und darauf sitzt, heißt Treu und Wahrhaftigkeit. Mit Gerechtigkeit richtet und kämpft er. Seine Augen sind wie eine Feuerflamme, auf seinem Haupte sind viele Kronen, er trägt einen Namen, die niemand kennt als er allein. Die Heere des Himmels folgen ihm auf weißen Pferden nach; sie sind mit weißen Leinen angetan. Auf seinem Mantel an der Hüfte steht sein Name geschrieben: **König der Könige**, Herr der Herren. (Offenbarung 19.11-16).

Kalki wird siegen und das Böse vernichten (die Schlacht von Armageddon). **Das goldenen Zeitalter** (Satya-Yuga) bricht an. Nach hinduistischer Vorstellung wird die Lebensdauer der Menschen in dieser Epoche hunderttausend Jahre betragen und die Erscheinungsweise der Reinheit und Spiritualität, der Weisheit, Glückseligkeit und Freude und einer großen Harmonie mit Gott und der Natur die ganze Erde und das ganze Weltall durchdringen. Die „Lilas", die Spiele der Götter, können beginnen...

Wenn Kalki, also Vishnu, und der Messias ein und dieselbe Person sind, bedeutet dies, daß Christus und Krishna identisch sind. Srila Prabhupada, ein indischer Guru, sagte einmal: „Wenn man in Indien nach Krishna ruft, sagt man häufig 'Krishto'"! Krishto bedeutet „Anziehung" (Sanskrit). Diese alles anziehende Person ist der höchste persönliche Gott. Daher ist „Krishto" der Name Gottes. Ob sie Gott Krishto oder Krishna oder Christus nennen, es bleibt sich letztlich gleich. Gott besitzt Millionen und Abermillionen Namen, das chanten und singen der Namen Gottes und das Lobpreisen seiner Herrlichkeit ist im Kali-Yuga der sicherste Weg zur spirituellen Befreiung. Chantet man die heiligen Namen, wird die Seele in Liebe zu Gott erwachen[5]

Hare Krishna, Hare Krishna, Krishna Krishna, Hare Hare, Hare Rama, Hare Rama, Rama Rama, Hare Hare.

Genau wie (als) Jesus von Nazareth lädt Krishna die Menschen dazu ein, sich ihm vertrauensvoll hinzugeben und seine Jünger zu werden. Nicht durch Religiösität sondern allein durch die freundschaftliche Beziehung zu ihm möchte er die

Menschheit erlösen und zur Nachfolge (Bakhti-Yoga) führen. „Denke immer an mich, werde mein Geweihter, verehre mich und bringe mir Deine Ehrerbietung dar. Auf diese Weise wirst Du mit Sicherheit zu mir kommen. Ich verspreche Dir dies, weil Du mein inniger Freund bist.
Gib alle Arten von Religion auf und ergib Dich einfach mir. Ich werde Dich von allen sündhaften Reaktionen befreien. Fürchte Dich nicht." (Bhagavad-Gita 18.65 und 66)[6].

Buddhismus

Ähnlich wie im Hinduismus erscheint Vishnu in seiner neunten Inkarnation als Siddharta Gautama, der als Buddha bekannt wurde (566-486 v. Chr.). Er war königlicher Herkunft und lebte die erste Zeit seines Lebens in einem prunkvollen Palast, doch schon vor seiner Geburt wurde seiner Mutter, der Königin, durch einen prophetischen Traum bewußt, ihr Sohn werde zu einem großen Religionsstifter heranreifen. Die Himmelsbewohner, so wird berichtet, kamen bei seiner Geburt herbeigeeilt, um das große Ereignis zu bestaunen, denn die Geburt eines Buddha ist ein fröhliches Ereignis von großer Tragweite.

Als junger Prinz begegnete ihm, der aus väterlicher Sorge von allem Negativen ferngehalten wurde, das Leid der Menschheit in dreifacher Form: Als Krankheit, als Alter und als Tod. So, tief bewegt, begegnete er einem glücklichen

Asket, dessen Lebensweise er sich entschied zu übernehmen, um einen Weg aus allem Leiden der Welt zu finden. Sofort legte er sein Prinzengewand ab, verzichtete auf die Krone und das fürstliche Leben im Palaste und wurde Asket. Im Laufe einer einzigen Nacht erlangte er den vollständigen Zustand des Erwachtseins (Sambohdi). Auf Bitten einer der Götter (oder Engel) beschloß er, seine gewonnenen tiefen Einsichten aus Mitleid allen Menschen zu verkünden. Ähnlich wie als Jesus von Nazareth suchte er sich eine große Schar Jünger, die er ebenfalls zur Erleuchtung führte (dieser Zustand ist durch Frieden, tiefe spirituelle Freude, Mitgefühl und ein geläutertes, ver-feinertes Bewußtsein charakterisiert). Er zog mit ihnen zu Fuß durch die Städte und Dörfer Nordindiens, verbreitete die neue Lehre zur Beendigung allen Leidens, vollbrachte Wunder und gründete Klöster.

So lehrte er seine Jünger und die vielen, die ihm zuhörten in alle Tiefen der Wahrheit, bis er nach einem langen und erfüllten Leben seinen Körper verließ. Ähnlich wie im Christentum entstand nach seinem Tod der Glaube, er werde wiederkommen als ein Buddha namens **Maitreya** und am Ende des gegenwärtigen Äons zu einer schweren, schicksalhaften Stunde erscheinen, wenn eine utopische Ära, in der alle Menschen Erleuchtung fänden, anbricht*.[7]
Maitreya, der „Buddha der Zukunft" wird die von anderen Buddhas vorbereitete Welt vollenden und als letzter der ihren sie in eine wunderbare Ära des Friedens leiten. Maitreya bedeutet der Liebende, denn die Liebe ist das herausragende Merkmal dieses kommenden Zeitalters. Wenn Maitreya, die Liebe, zur Erde kommt, werden alle Wesen, Götter, Menschen und Geister ihn begrüßen und durch seine Gegenwart

die große Wandlung erfahren (seine Liebe bringt die Menschheit wieder in vollkommenen Einklang mit den universellen Gesetzmäßigkeiten des Dharmas). Derartig wird die Erde neu. Auch wie das goldene Zeitalter, welches die Wiederkunft Buddhas einläutet, sein wird, ist prophezeit: „Der Boden ist ohne Dornen, geebnet und mit frischem Gras bewachsen. Springt man über ihn, so macht er sich dem Schritt gefällig, denn er gibt nach gleich den weichen Blättern der Baumwollpflanze. Die Lüfte sind von köstlichen Wohlgerüchen erfüllt. Wohlschmeckender Reis gedeiht ohne Feldarbeit. Vielfältigste Stoffe verschiedenster Farben wachsen auf den Bäumen. Unvorstellbar ist ihre Lebensdauer. Makellos sind die Lebewesen, ohne Bosheit und voll Tatkraft. Groß gewachsen werden sie sein, mit schön getönter Haut. Und sie werden über außerordentliche Kräfte verfügen."[8]

„Landschaft, Gebäude und Orte des Verweilens
sind mit vielerlei Schätzen geziert,
Blüten und Früchte gedeihen in
juwelenschöner Landschaft,
wo die Menschen in Glücksempfinden wandeln.
Unabläßlich rühren Götter himmlische Trommeln
zu Musik und Tanz der Wesen,
die Blüten regnen lassen über
den Buddha und sein Gefolge.
Unvernichtbar ist sein Paradies!"

Wie können wir uns also vorbereiten auf diese wunderbare Zeit? Der einfachste Weg zur Erleuchtung und zur Buddhaschaft ist in diesem Zeitalter das Aufsagen folgenden Mantras:

Nam Yo Ho Renge Kyo.
Nam Yo Ho Renge Kyo.
Nam Yo Ho Renge Kyo.

(Ich gebe mich dem vollkommenen Gesetz der Lotosblüte hin).

Chanten wir dieses heilige Mantra, so beginnt unser innerer Buddha zu erwachen und eine erste Erleuchtung stellt sich ein. Zwanglos „reift der Mensch ohne eigenes Wollen durch den reinen Zustand der Buddhaschaft und tritt durch die Tore der Erleuchtung." Maitreya ist in unserem Herzen erwacht.

Islam

Auch in der islamischen Tradition wird der König der Könige am Ende der Zeit wiederkommen. „Und an dem Tage, da der Himmel sich spalten wird mit samt den Wolken und die Engel herabgesandt werden in großer Zahl. Das Königreich, das wahrhaftige, an jenem Tage wird es das Gnadenreiche sein; und ein Tag soll es sein, schwer für die Ungläubigen" (Koran, Sure 25.26 und 27)[9]. Nicht so wie im Koran, welcher dem **Propheten Mohammed** durch den Erzengel Gabriel geoffenbart wurde, wird die Wiederkunft Jesu in der islamischen Tradition verharmlost, Jesus werde zwar das Endgericht ankündigen, und das „vollkommene Reich der Endzeit" 40 Jahre lang in Gerechtigkeit und Frieden regieren, jedoch werde er auch heiraten, Kinder

zeugen, letztendlich sterben und in Medina neben Mohammed begraben werden[10].

Ich denke, diese Verharmlosung ist ein Schutzwall vor Konvertierungen zum Christentum, eine Grenze dieser Religion. Doch vielleicht ist Jesus auch der 12. Imam, der in der Lehre der Imamiten (Shiiten) der erwartete Mahdi ist, der nach der Endzeit das Reich Gottes errichten wird.

Der Koran besitzt eine Fülle von Informationen, wie es danach weitergeht, er ist sehr reich an Schilderungen des Paradieses. Interessanterweise finden sich hier auch Hinweise auf die Kultur des kommenden tausendjährigen Friedensreiches. „Gekleidet werden sie in feiner Seide und schwerem Brokat" (Sure 44.54), „sie werden ruhen auf grünen Kissen und schönen Teppichen" (Sure 55.77), „Schüsseln von Gold und Becher werden unter ihnen kreisen, und darin wird alles sein, was die Seelen begehren und woran die Augen sich ergötzen - und ewig sollt ihr darinnen weilen." (Sure 43.72). „Sie werden auf Thronen sitzen" (Sure 37.45) und „in Palästen wohnen." Dann wird er Glück genießen und den Duft der Seligkeit und einen Garten der Wonne." Er (der Auserwählte) „wird in die Gärten eingehen, in denen Ströme fließen, und die höchste Glückseligkeit erlangen. Allahs' ist das Königreich der Himmel und der Erde und was zwischen ihnen ist; und er hat die Macht über alle Dinge." (Sure 5.121).

Doch dies gilt nur, und darauf wird im Koran immer wieder hingewiesen, den Gläubigen, welche gute Werke getan haben, den Armen gespendet (Zekat), das Gebet verrichtet und Gott allein angebetet haben, den „Ungläubigen wird ein flammendes Feuer bereitet" (Sure 25.12).

Judentum

Auch im Judentum existieren ein Menge Hinweise auf das Paradies in der jüdischen Thora, dem Alten Testament. Besonders Jesaja hat eine Fülle solcher prophetischen Verheißungen empfangen. Das bekannteste ist wohl Jesaja 2.4: „Und sie werden ihre **Schwerter zu Pflugscharen** schmieden und ihre Speere zu Winzermessern. Nation wird nicht (mehr) gegen Nation das Schwert erheben, auch werden sie den Krieg nicht mehr erlernen." Weiter „Dann wird der Wolf bei dem Lamm zu Gast sein und der Panther neben dem Böcklein sein Lager beziehen. Kalb und Löwe werden gut Freund sein und ein kleiner Junge wird sie zusammen mit dem Mastvieh hüten. Kuh und Bären werden sich befreunden, und ihre Jungen werden zusammen lagern. Der Löwe wird Stroh fressen wie das Rind **(Vegetarismus)**. Sie werden keinen Schaden stiften, noch irgendwie Verderben anrichten auf meinem ganzen heiligen Berg, denn die Erde wird bestimmt erfüllt sein mit der Erkenntnis Jehovas, wie die Wasser das ganze Meer bedecken.

Und es soll geschehen an jenem Tag, das die Wurzel Isais es sein wird, die dastehen wird als ein Signal für die Völker. An ihn werden sich auch die Nationen fragend wenden und seine Ruhestätte soll herrlich werden" (Jesaja 11.6-10)[2].

Israel und **Jerusalem** werden erhöht. „Die Nationen werden gewiß Deine Gerechtigkeit sehen und alle Könige Deine Herrlichkeit. Und Du wirst tatsächlich nach einem neuen Namen genannt werden, den der Mund Jehovas selbst bezeichnen wird. Und Du sollst eine Krone der Schönheit werden in der Hand **Jehovas** und ein königlicher Turban in der Handfläche Deines Gottes" (Jesaja 16.2-3).

Der **Messias** (Massiach = Der Gesalbte) hat zu regieren begonnen „denn ein Kind ist uns geboren worden, ein Sohn ist uns gegeben worden, und die fürstliche Herrschaft wird auf seiner Schulter sein. Und sein Name wird genannt werden: wunderbarer Ratgeber, starker Gott, Ewigvater, Fürst des Friedens. Für die Fülle der fürstlichen Herrschaft und den Frieden wird es kein Ende geben auf dem **Thron Davids** und über sein Königreich, um es fest aufzurichten und es zu stützen durch Recht und durch Gerechtigkeit von nun an bis auf unabsehbare Zeit. Ja, der Eifer Jehovas, der Heerscharen, wird dies tun" (Jesaja 9.5-7).

Das goldene Zeitalter bricht an.

Was die Juden seit Jahrtausenden erwarten, ist eingetreten. Der Höhepunkt und die Erfüllung ihrer so lang gehegten Sehnsucht nach dem Reich Gottes auf Erden wird durch die Wiederkunft des langerwarteten Messias geschehen. Ihr sind sie auf einem „ununterbrochenem messianischen Fortschritt" entgegenmarschiert durch die Geschichte der Zeit. Israels Mission, ihre humane und heilsame Ethik der Welt zu verkünden, hat sich erfüllt. Selbst zur Zeit der Schoah (Holocaust) wurden die erfahrenen Leiden als **„Geburtswehen des Messias"** verstanden und man sah sich als Zeuge der apokalyptischen Ereignisse.[11]

Christentum

Parallel zum Judentum ist das Christentum geprägt von der Erwartung eines nahen Messias, dies ist instrumentalisiert in der Einleitung zum Abendmahl. „So oft Ihr von diesem Brot eßt und aus diesem Kelch trinkt, verkündigt Ihr den Tod des Herrn, bis er kommt." Besonders die frühen Gemeinden, die „Urchristen", bezogen einen Großteil ihrer Kraft aus der nahen Erwartung ihres wiederkommenden Herrn. **Maranata**, „Unser Herr kommt", war der oft vernommene Ruf in den täglichen Zusammenkünften der ersten Gemeinden. Das durch das erste Kommen Jesu begonnene Gottesreich wartet nun auf seine Erfüllung.

„Dein Reich komme" wird im Vater Unser seit 2000 Jahren gebetet, um den Tod zu vernichten und das ewige Leben den Gläubigen zu schenken, um die Menschheit zu richten und das tausendjährige Friedensreich zu regieren. „Siehe, er kommt in den Wolken (Offenbarung 1.7) auf einem **weißen Pferd** (Offenbarung 19.11), und wie ein Blitz, der von Osten gen Westen zieht (Matthäus 24.27), werden alle Menschen ihn erkennen." „Und dann wird am Himmel das Zeichen des Menschensohnes sichtbar werden. Alle Völker der Erde werden den Menschensohn auf den **Wolken** des Himmels kommen sehen mit großer Kraft und Herrlichkeit. Und er wird seine Engel senden mit lautem Posaunenschall, und sie werden seine Auserwählten sammeln aus den vier Winden,

von einem Ende des Himmels bis zum andern" (Matthäus 24.30-31).

Der Geist und die Braut werden **Hochzeit** halten, die Gemeinde Jesu wird sich auf ewig mit ihrem königlichen Bräutigam vereinigen. Das erste Kommen Jesu geschah in Armut und Niedrigkeit wie ein Lamm, doch nun, bei seiner zweiten Wiederkunft in Kraft und Herrlichkeit. Er kommt als Richter und Weltvollender, als **König der Könige**, als der Löwe von Judah.

Er wird das Böse besiegen und die Auferstehung einleiten.

Nun endlich können die Sanftmütigen die Erde ererben (Bergpredigt) und die Auserwählten für tausend Jahre mit dem Messias regieren. Herrschen heißt im Christentum dienen und so wird ihre Spiritualität gleich liebevoll leitenden Lichtern sein, und die **Engel** herauf- und herniederfahren um glückverheißende Nachrichten zu verkünden. Gott wird abwischen all ihre Tränen und in ihnen zusammen mit den Juden sollen gesegnet werden alle Völker (1. Moses 12.3). Von **Zion** wird Weisung ausgehen und des Herren Wort von Jerusalem (Jesaja 2.2).

Das Ideal von **Marx** und **Engels** sowie aller Idealisten hat sich erfüllt, als König der Könige wird der Messias in Gerechtigkeit und Liebe mit den Seinen für tausend glückselige Jahre regieren (Offenbarung 20.6).

Das Paradies

Oasen der Stille - Gärten der Glückseligkeit, Wasserfall der lebendigen Schöpfung. All die Sehnsüchte der gesamten Menschheit fließen hier zusammen und vereinigen sich zu dem großen Ideal. Früchte ewiger Freude werden wir pflücken in dem Genuß des hundertfältigen Nektars unendlicher Seligkeit. Alles ist dann gut. Der dunkle Schrecken, nur der Rost einer fast vergessenen Vergangenheit. Wie Archäologen werden wir dann schauen und die bunten Plastikgefäße von Babylon werden wir wie Schätze sehen und sie sammeln für die Museen danach.

„Und die Erde wird erfüllt sein mit der Erkenntnis des unendlichen Gottes" und wir werden unglaubliche Dinge schauen in dem Antlitz einer Blume oder eines Schmetterlings, wir werden die ganze Tiefe Gottes ergründen und trunken vor Glück werden wir sein wie die Götter selbst. Allah und seine Engel werden uns behüten, wie Könige werden wir sein wenn wir eingehen werden in die Gärten der Glückseligkeit. Oh, Tag der Wiederkunft, wann kommst Du herbei? Regiere Du uns in der Weisheit Salomons und lasse die Moslems Deine Brüder sein, wenn alle Religionen einig werden und ihren ewigen Schatz uns offenbaren.

Oase in Chenini, 2001

Aus meinem Leben, Teil 2

Die Kerze meines Lebens ging zu Ende,
das Licht flackerte und der letzte Tropfen
ihres Saftes wurde zu Licht und Rauch; ich starb.
Und ich fühlte, wie eine Hand mich empor hob,
ganz sanft und weich und ließ mich steigen,
steigen und es wurde warm um mich und endlich
sah ich ein Licht, in das ich hineinfloß.
Ich war Licht und das Licht war ich
und ich spürte, wie all das Vergangene,
das Leben, das Leid für immer von mir abfiel;
Vergessen und Vergebung wuschen mich rein
und füllten mich auf mit wunderbarem Frieden.
Und eine Krone wurde mir gegeben,
geformt aus dem Leben selbst,
besetzt mit Steinen aus unendlicher Freude
und gefüllt mit ewiger Liebe.
All das gewann ich umsonst und das Gewand
der Dankbarkeit legte sich um mich und umhüllte mich,
wie ein verzauberter Schlaf...

Dann nach einigen Zeiten,
meßbar nur in Ewigkeiten, erwachte ich
in einem Land voller Blumen voller Düfte.
Und ein Geruch stieg in die Nase
und erzählte mir von Liebe und von Leben
und meine Zunge schmeckte das ewige Wort der Tat.
Ich setzte mich auf, erkannte mit erdigen,
offenen Augen die Welt,

die Welt, die mir neu war und jetzt so unendlich mir reichte.
Da regte sich ein Baum in wildem Grün, da stieg
ein Berg in die Lüfte hoch gezogen, da wogten
Gräsermeere, wellig weich in warmen Wind
und über allem spannte weit der Himmel seinen Bogen,
das heut' so blaue Götterkind.
Und durch das ganze Bild mir bot ein Fluß so
frisch verlockend sein Geleit und zog mich los
mit ihm auf Wanderschaft, durch
Länder, Welten, Raum und Zeit.

Ein Gedanke fliegt durch die Landschaft
meiner Seele und benetzt die Fühler meine Sinne
und die Flügel meines Geistes heben mich empor.
Und siehe, dieser Traum beginnt zu leben
und aus den tropfenden Wörtern
wird der Wasserfall der lebendigen Schöpfung.
Ich sehe Farben fließen,
sich in Formen ergießen
und füllen die Ufer
des rauschenden Stromes.
Und berauscht bin auch ich
von dem Nektar der wachsenden Blumen des Geistes
und eine Freude umjubelt mein Herz.
„Lobet den Schöpfer der Schöpfung,
den ewigen Vater des Seins",
und endlich erkennt meine Seele die Liebe,
die alles Leben umschließt, wie auch meins.
Und ich steige empor zu dem Glück,
verschenke ihm alles und mich,
und ich weiß mich geborgen in Heimat

Das ewige Leben nach Sadhu Sundar Singh

Sadhu Sundar Singh (1889-1929) war ein indischer Heiliger, der in Jesus seinen **„Meister-Yogi"** erkannte. Ihm erschienen im Laufe seines Lebens viele Heilige und Engel als Offenbarung und er durfte die „Geisteswelt", das Himmelreich schauen. Die Engel erklärten ihm genau das Wesen und viele Einzelheiten dieses ewigen Reiches und so möchte ich seine Visionen frei zitieren. Die Heiligen und Engel be-schreiben den Tod eines Gerechten und seinen Eintritt in das Himmelreich folgendermaßen:

„Der Tod ist gleich dem Schlaf. Der Übergang bereitet keine Schmerzen, wie der Tiefschlaf einen erschöpften Menschen überfällt, so kommt der Todesschlaf zum Menschen."

Ein Engel kam ihm entgegen, begrüßte ihn freundlich als einen „Sohn des Lichts" und lud ihn ein, das Himmelreich zu betreten.

Der Gerechte „untersuchte seinen Geistesleib und fand ihn wunderbar licht und zart und von seinem groben stofflichen Leib völlig verschieden."

Der Engel erklärte ihm: „Wenn die Menschenseelen in der Geisteswelt angekommen sind, so scheiden sich die Geister der Guten sofort von den Bösen. In der Welt sind alle durcheinander gemengt, aber in der Geisteswelt ist es anders. Ich

habe viele Male gesehen: wenn die Geister der Guten - der **Söhne des Lichts** - in die Geisteswelt eintreten, so baden sie zuallererst in den nicht zu fühlenden luftgleichen Wassern eines kristallklaren Ozeans, und darin finden sie eine starke und erheiternde Erfrischung. Sie bewegen sich mitten in diesen wunderbaren Wassern, als ob sie im Freien wären: weder ertrinken sie darin, noch machen die Wasser sie naß; vielmehr treten sie, wunderbar gereinigt, erfrischt und geläutert, in die Welt der Herrlichkeit und des Lichts ein."

Viele Freunde und Angehörige, die vor ihm gestorben waren, traten auf ihn zu; und als er sie sah, wurde seine Freude noch größer.

Rings umher waren unvergleichliche und außerordentlich schöne Gebirge, Quellen und Landschaften, und in den Gärten befanden sich alle Arten süßer Früchte und schöner Blumen im Überfluß. Es gab alles, was das Herz begehren mochte.

In jedem Teil des Himmels gibt es prächtige Gärten, die immerzu jegliche Art lieblicher und sehr süßer Früchte und auch alle möglichen süß duftenden Blumen, die nie verwelken, hervorbringen. Dort preisen Geschöpfe jeder Art unaufhörlich Gott. Vögel von wunderbarer Färbung lassen ihre lieblichen Lobgesänge hören. Und wer den süßen Gesang der **Engel und Heiligen** vernimmt, der wird von einem wunderbaren Gefühl des Entzückens gepackt.

Wo immer man hinblicken mag, sieht man nichts als Bilder schrankenloser Freude. Das ist das Paradies, das Gott denen bereitet hat, die ihn lieben; dort gibt es keinen Schatten des Todes, noch Irrtum, noch Sünde, noch Leiden, sondern immerwährenden Frieden und Freude.

Der Herr sprach zu den Engeln: „Führt ihn hin zu jener herrlichsten Wohnung, die von Anfang an für ihn bereitet worden ist." Der Gottesmann prüfte die für ihn bestimmte Wohnung aus der Ferne, denn im Himmel sind alle Dinge geistlich, und das Geistes-Auge kann durch alles, was im Wege steht, bis in unermeßlich weite Fernen hindurchblicken. Durch die ganze Unendlichkeit des Himmels ist Gottes Liebe offenbar; und überall kann man dort sehen, wie alle Arten Seiner Geschöpfe Ihn preisen und Ihm danken in nimmer endender Freude.

In der Wohnung fand sich alles, was seine Einbildungskraft ihm nur vorgestellt hatte, und ein jeder war bereit, ihm zu dienen. In den benachbarten Häusern lebten Heilige, gleichen Sinnes wie er, in seliger Gemeinschaft.

Der Gerechte fragte: „Wie weit sind die verschiedenen himmlischen Daseinsräume voneinander entfernt? Darf man die Räume, in denen man nicht wohnen kann, besuchen?" Da sagte einer der Heiligen: „Einer jeden Seele wird der Wohnort auf der Stufe bestimmt, für die ihre geistliche Entwicklung sie befähigt hat; aber auf kurze Zeit kann sie auch andere Orte besuchen gehen. Wenn die Bewohner der höheren Stufen zu den niederen herabkommen, dann wird ihnen eine Art geistliche Bekleidung gegeben, damit die Herrlichkeit ihrer Erscheinung die Bewohner der niederen und dunkleren Orte nicht aus der Fassung bringt. Ebenso erhält der Bewohner einer unteren Stufe, der zu einer höheren geht, eine Art geistliche Bekleidung, damit er das Licht und die Herrlichkeit jenes Ortes erträgt." Im Himmel empfindet niemand eine Entfernung, denn sobald jemand wünscht, an einen bestimmten Ort zu gehen, findet er sich sogleich dort vor.

Welche Stufe der Güte die Seele eines Gerechten erreicht hat, kann man an dem Glanz erkennen, den seine ganze Erscheinung ausstrahlt. Denn Charakter und Wesen zeigen sich in der Gestalt verschiedener leuchtender regenbogenartiger Farben von großer Herrlichkeit.

Die Größe irgendeines Menschen hängt nicht von seinem Wissen und seiner Stellung ab, noch kann irgendjemand dadurch allein groß werden. Ein Mensch ist so groß, wie er anderen nützen kann, und er nützt ihnen soviel, wie er ihnen dient. Deshalb ist ein Mensch so groß, wie er anderen in Liebe dienen kann. Wie der Herr gesagt hat: „So jemand will unter euch groß sein, der sei euer Diener" (Matth. 20.26). Alle, die im Himmel wohnen, haben ihre Freude daran, daß sie einander dienen; so erfüllen sie den Sinn ihres Lebens und bleiben auf ewig in der Gegenwart Gottes."13

Die Stufe, auf der wir in Ewigkeit leben werden, bestimmen wir selbst, durch unser Leben. Ja, es ist geradezu der Sinn dieses Lebens, den Grad der ewigen Erleuchtung für immer festzulegen. Spenden wir, sind wir freundlich und human zu unseren Mitmenschen und zu der Natur, ja, zu allen Lebewesen und haben wir in diesem Leben gelernt, Gott zu lieben und auch sein Freund zu sein?

Ich denke, jede der fünf Weltreligionen ist wie dafür geschaffen, uns auf das Ewige vorzubereiten und ein dem Himmel gemäßes Leben zu führen. So seien wir ein Segen für die Welt und lasset uns Reichtümer im Himmel sammeln, denn der Tod steht vor der Tür. Dies ist der leichte Weg ins Paradies.

Plan A:

-übeholt-

siehe:

"Grünzeit - Die neue
Prophezeiung vom
heiligen Krieg und
der Weg in's
Paradies"

Plan B:
Die Zukunft

In den Veden steht, dass die Halbgötter schon seit tausenden von Jahren Flugzeuge und fliegende Städte besitzen und tatsächlich sind sie seit 50 Jahren unterwegs, um die Erde zu retten und sie zu einem blühenden Garten zu gestalten. Der Klimagipfel in Kopenhagen hat gezeigt, dass trotz aller technischen Möglichkeiten immer noch der politische Wille fehlt, um die Umweltkatastrophe zu verhindern. Die Industrie ignorierte alle Warnungen und so warten zwei riesige Mutterschiffe im Schatten des Mondes auf ihre große Stunde. Im Jahre 2012 ist es dann so weit. Die Prophezeiung der Mayas wird sich erfüllen und eine wunderbare neue Ära wird anbrechen in der alles Gute möglich sein wird. Die von zwei Titanenkönigen regierten etwa eine Millionen 1,5 Meter großen blauen krishnoiden Außerirdischen werden Ende 2012 all ihre Macht beweisen und auf allen Fernsehsendern erscheinen. Die Titanenkönige verkünden der erstaunten Menschheit, dass sie gekommen sind um die Erde zu heilen, sie in einen blühenden Garten zu verwandeln und das goldene Zeitalter, das Paradies, das Wassermannzeitalter pünktlich wie angekündigt 2012 über die Menschheit zu bringen. Die Titanen berichten vom griechischen Titanenkampf und deren Verbannung auf den Wüstenplaneten. Von dort sind sie gekommen, um Mutter Erde vom sicheren Untergang zu

retten und haben auf dem Weg eine Millionen Außerirdische aufgenommen, deren Planet untergegangen ist. Sie verkünden folgende Errungenschaften, um der Menschheit zu helfen:

1. Die medizinische Revolution. Alle Krankheiten werden schmerzlos durch neue OP-Geräte geheilt. Alle negativen Atome werden ohne die Haut zu öffnen weggesaugt und neue Atome hinzugefügt. Nach 10 Jahren werden alle Nationen diesen neuen OP Saal haben. Dann beträgt die durchschnittliche Lebenserwartung 120 Jahre.

2. Wunderschöne Städte durch globale Objektreinigung mit Beton- und Eisen-fressenden Bakterien. Begrünung und Fassadenverschönerung.

3. Beamzentralen an den eine Millionen schönsten Orten der Erde. 200 Euro hin und zurück in nur 20 Minuten, Vorbereitungsseminar inclusive.

4. Fliegende Autos ab nur 5.000 Euro. 100% ökologisch, fliegen bis zu 200 Meter hoch, haben Automatik, Navigator und sind bis zu 5.000 km/h schnell. Von Europa nach Indien in nur einer Stunde – ein Traum!

5. 500 neue Möglichkeiten (Ismen) um die Erde zum Paradies zu machen.

6. 20 neue Drogen ohne Suchtstoffe von harmlos bis göttlich.

7. Eine Weltregierung mit direktdemokratischen Ideen und Beschwerdebüro.

8. Kein Hunger, keine Armut, keine Krankheit, alles ökologisch und wunderschön und eine völlig neue Kunst, Musik, Biologie, Religion undsoweiter werden uns Jahrzehntelang begeistern und unterhalten.

Da die Erde jedoch überbevölkert ist, verlangt es nach einer schmerzlosen Reinigung von allen negativen und schädlichen Elementen so dass den guten Menschen die Erde überlassen werden kann. So würde sich die Menschheit etwa um die Hälfte reduzieren. Mitteleuropa wird dann fast entvölkert sein, so dass die überlebenden grünen Gutmenschen nach Indien oder ans Mittelmeer in den Süden ziehen. Da die Außerirdischen gerne im wunderschönen Deutschland leben möchten, bitten sie Jakob, den 18., Kaiser von Deutschland, ihnen das dann fast unbevölkerte Land doch für **18 Billionen Euro** zu verkaufen. Hamburg, Schleswig-Holstein und Berlin davon ausgenommen. Dorthin können ja die Überlebenden ziehen. Das Publikum ist begeistert und voller Vertrauen. Am 21.12.2012 ist es dann so weit. Die Alien senden 20.000 kleine Raumschiffe aus, um alle negativen Menschen mit Materie/Antimaterie-Computern sanft durch Strahlen in bakterienfreie Asche zu verwandeln. Alle Länder werden gesacannt und gereinigt. Jedem überlebenden Gutmenschen wird im Süden ein Job zugewiesen. Der Transport in den Süden wird durch die Armeen perfekt durchgeführt. Caravan-Run auf Indien, **Luxusrente für Jakobs Leser**. Dann wird Jakob der 18. in das Raumschiff eingeladen, um ihn zu krönen und ihm das Land abzukaufen.

Er setzt Hamburg als neue Hauptstadt ein und macht Flensburg zu einer Künstlerkolonie. Hamburg wird das Wissenschaftszentrum für die neue Alienforschung, Produktionsstätte für Elektrooldtimer und Hanfanbaugebiet. Berlin avanciert zum Wissenszentrum der Erde. Er kauft Goa als Kolonie für die Überlebenden, nennt es das Kaiserreich Fantasien und gründet die goldene Künstlerstadt Da Vinci. Die Alien landen in Deutschland und machen Dresden zu ihrer Hauptstadt und verwandeln durch Betonfressende Bakterien das Land in einen wunderschönen Freizeitpark. Ein Titanenkönig und seine Königin wird als Weltpräsident von Jerusalem aus regieren und die Erde heilen und zu einem wunderschönen Garten gestalten. Er wird die Braut Erde (Gaia, Lakshmi) schmücken, bis in etwa 30 Jahren der Messias kommt (Vishnu), die Auferstehung einleitet und die Erde zur Braut nimmt – die Hochzeit des Lammes. Wir werden dann einen wunderschönen, unsterblichen Körper erhalten und große Kräfte besitzen und Epoche für Epoche mit den Göttern spielen. Alles Gute ist dann möglich.

...der Weg ins Paradies

*spirituell-politische Essays
zur Verwirklichung des Paradieses*

Das eiserne Zeitalter

Am Anfang der Menschheitsgeschichte steht das „golde-ne Zeitalter", welches in der indischen und griechi-schen Mythologie und auch in vielen anderen Völkern überliefert worden ist. Es ist identisch mit der biblischen Vorstellung vom Paradies. „In diesem Zeitalter herrschte ewiger Frühling und die Erde gab den Menschen alles, was sie zum Leben benötigten, ohne daß sie sich mit Saat und Ernte abmühen mußten. Die Menschen lebten im Frieden und im Einklang mit der Natur und waren von glückseliger Freude erfüllt."[4]

Nach dem „goldenen Zeitalter" begann das „silberne Zeit-alter", das schon erheblich schlechter war. Man versäumte es, die Götter zu ehren und mußte sich seinen Lebensunterhalt mühevoll mit dem Pflug verdienen.

Es folgte das „bronzende Zeitalter", das wild und kriegerisch war (alle Waffen wurden aus Bronze hergestellt), aber den-noch waren die Menschen edler und gottesfürchtiger als in dem letzten Zeitalter dieser Dekade, dem **Eisernen**.

Den Beginn dieses letzten Zeitalters, in dem die Menschheit moralisch verkümmert und nur noch aus materiellem Inter-esse handelt und letztendlich die Erde zugrunde richtet, dokumentiert die industrielle Revolution 1825 mit der Erfindung der Eisenbahn.

Die wunderbare Welt, die damals noch fast unendlich reich-te, wurde durch die Eisenbahn plötzlich viel kleiner; die beschauliche Besonnenheit früherer Tage wurde durch die neue Hochgeschwindigkeit zerstört und Hektik und Streß

kamen in die Welt. Was griechische Seher vor langer Zeit prophezeiten, daß in diesem Zeitalter sogar die Häuser aus Eisen gebaut werden, erfüllte sich in der aufkommenden Eisenarchitektur als das Ende allen schönen Bauens. Vor Eisen strotzende Industrieanlagen wurden aus dem Boden gestampft, diesem unedlen Metall, aus dem zu 90% der Erdkern besteht, dem klassischen Sitz der Hölle.

Durch die Herstellung von Eisen, zu dessen Reduktion man Holzkohle benötigte, löste einen unglaublichen Raubbau an den Waldbeständen der damaligen Welt aus und die erste große Umweltzerstörung begann. Die **industrielle Revolution** breitete sich immer weiter aus und verdrängte alles Schöne der klassischen Zeit. Seit dieser Zeit dominiert die Industrie die Wirtschaft und löste den ersten **Weltkrieg** aus. Denn die **Industrie** witterte einen enormen Gewinn darin, die Völker in den Krieg zu stürzen und so Abermilliarden durch die Herstellung von Waffen und Kriegsgerät zu verdienen. Auch vor dem zweiten Weltkrieg war es wieder die Industrie, welche den Menschenfeind **Adolf Hitler** großzügig unterstützte und ihm so zur Macht verhalf, um in einem weiteren Krieg Abermilliarden Gewinn zu machen. Bis auf den letzten Pfennig verschlang Kruppstahl das gesamte Volksvermögen und führte die Völker in die Verelendung.

Nach dieser Katastrophe der Weltkriege war es wieder ein „Eiserner Vorhang", der die Völker trennte und ebenfalls einen erneuten lebensgefährlichen Rüstungswahn auslöste. Doch auch die Künste versagten und in devoter Systemhörigkeit schufen auch sie häßliche Objekte aus rostigem Eisen und depressionistische Gebäude aus Stahl und Beton. In dieser „Allianz des Bösen" regieren satanistische Illuminatoren in Anzug und Krawatte die gesamte Weltwirtschaft und

ihnen ergebene industriehörige Parteien wie die **CDU** sorgen ein weiteres und endgültiges Mal dafür, die Natur zu zerstören und die Welt an den Rand der totalen Vernichtung zu führen. Es liegt an uns, ob wir ihnen unsere Stimmen geben um so den letzten Todesstoß zu empfangen und als Schuldige an Gott, Mensch und Natur wohl nicht in die ewige Glückseligkeit einzugehen, da hilft auch kein C vor der DU.

Oder sind wir die Kinder des bald erneut anbrechenden **„goldenen Zeitalters"**, das nach dem Eisernen kommt?

Sind wir reif und vernünftig genug, uns für die richtige Partei zu entscheiden und uns der allumfassenden Dominanz der Industrie durch eine **Kulturrevolution** zu erwehren und goldene Werte einer goldenen Zeit dem Eisernen entgegenzusetzen?

Schon in der Antike galt dieses edle Metall als lebensverlängernd und Paracelsus gebrauchte **Gold** als Lebenselixier zur Behandlung von Krankheiten. Nur durch das Gold einer gerechten Kultur können auch wir die Gesellschaft heilen, unsere Lebenszeit verlängern und dieses dunkle „eiserne Zeitalter" beenden.

Gold, auf den Dächern der Tempel, das als Ausdruck des Himmlischen in der bildenden Kunst und als Siegel königlicher Würde die Paläste und Häuser mit Glanz erfüllte; Gold, das von Anbeginn der Zeit von feinen Händen erstellt als die liebliche Zierde der Frau ein so kostbares Handelsgut war und das „jüdische Gold", welches das Fundament einer gerechten Wirtschaft bildete. Gold, das unsere Zeit veredelt wie die zwanziger Jahre. Das Eisen dieser Zeit verrostet und vergeht, doch das himmlische Gold, das uns veredelt, hält bis in alle Ewigkeit.

Plädoyer für die Schönheit

Den Architekten entgleitet die Verantwortung für ihr Tun. Sie bauen menschenunwürdige Gefängniszellen", sagte der Wiener Künstlerpoet **Friedensreich Hundertwasser**. Vehement plädierte er für kreatives Bauen statt Beton und einen „Friedensvertrag mit der Natur." Vielfalt statt Einfalt, für organisches Leben in Schönheit und Harmonie. Denn, so der Künstler, „die optische Umweltverschmutzung ist die gefährlichste, sie tötet die Seele der Menschen."

„Ein offenkundiger Grund, warum viele nicht das richtige Gefühl der Schönheit empfinden, ist der Mangel an jener Feinheit der Einbildungskraft, derer es bedarf, um die feinen Gemütsbewegungen empfinden zu können." **(David Hume)**

„Alles Schöne und Ritterliche ist das Ergebnis der Vernunft und des Nachdenkens. Das führt mich dahin, den Schmuck als ein Merkmal des ursprünglichen Adels der menschlichen Seele zu betrachten. Die Mode sollte also als ein Zeichen des Strebens zum Idealen angesehen werden, das im menschlichen Gehirn über allem Rohen, Irdischen und Unsauberen schwebt." **(Charles Baudelaire)**.

„Das Gute ist der essentiale Grund des Schönen." **(Immanuel Kant)**

„Die Schönheit muß der Freiheit vorangehen."
(Friedrich Schiller)

Denn nur die Schönheit kann der Weg ins Ideal, ins Paradies sein. Schönheit kann mich positiv berühren und eine „ausgeglichene, maßvolle und harmonische Schwingung erregen" (Brockhaus), ja, sie kann mich geradezu in höchstes Entzücken versetzen und mich an das Gute glauben lassen. Schönheit führt mich in die Nähe der Engel und des Göttlichen und Aphrodite erscheint ihren Jüngern. „Wie im Himmel so auf Erden", so lasset uns die himmlischen Hallen, Tempel und Paläste, das himmlische Entzücken der Klassik und die organischen Muster des Jugendstils den „Gefängniszellen" in einer Wüste aus Beton entgegensetzen und den ästhetischen Alptraum des 20. Jahrhunderts beenden. Wir haben tausend Jahre einer wundervollen Geschichte, auf deren Ästhetik wir genußvoll zurückblicken können und um uns das Erlesenste herauszunehmen und in die Gegenwart zu übersetzen.

Die Verwirklichung einer solchen **„Kulturrevolution"** könnte allein im Modebereich etwa **eine Million Traumjobs** (Modedesigner, Weber und Dozenten) erzeugen, wenn feine, handgefertigte Originale den schädlichen Industrieprodukten vorgezogen werden würden.

Traumhafte barocke Kostüme und mittelalterliche Gewandungen sowie feine Alltagskleidung könnten in liebevoller Handarbeit von den „neuen Modedesignern", geschult in „neuen Modeuniversitäten", in königlichen Ateliers die Maschinenware verdrängen und auch einen ganz neuen Markt erobern. Kreative „Langzeitarbeitsverweigerer" und **Künstler** aus allen Bereichen könnten professionell ihre

Träume verwirklichen und so ihrem Ideal eine wunderschöne Form geben. Das könnte allein in diesem Bereich zu etwa **10 Mrd. Euro** jährlichen Einsparungen führen.

Durch diesen „Friedensvertrag mit der Natur":

• Schönheit statt grauer Beton
• organische Muster statt dem rationalistischen Quadrat
• einmalige und edle Originale statt Industriemüll von morgen
• Manufakturen statt Fabriken
• Adel statt Massenmensch
• Geschichte statt Vernichtung!

wird die Erde zum Paradies erblühen und Märchen werden wahr.

Dialog der Kulturen

Warum ist nur alles so amerikanisch? Warum sind ge-rade **McDonald's** und **Coca Cola** so populär? Warum kennt jeder Mickey Mouse und so wenige Siddharta Gautama? Gut, den Amerikanern haben wir ein Jahrhundert lang den Triumph gegönnt, den Vertriebenen Europas.

Aber ist das amerikanische Modell wirklich so geeignet, den ganzen Globus zu erfüllen? In Anbetracht, daß 3% der Weltbevölkerung (USA) 30% der Umwelt vergiften, wäre es an der Zeit, uns nach neuen Werten umzusehen und auch von anderen Kulturen zu lernen. Wäre es nicht schön, wenn wir Anleihen aus der arabischen Architektur dem Bauhaus entgegensetzen? Wäre ist nicht wunderbar, die so schöne farbenprächtige indische Kleidung auch bei uns zu sehen? Wenn afrikanisches **Kunsthandwerk** die Regale überflutet statt Plastikware und wertloses Blech? Wäre es nicht sinnvoll, wenn asiatische Weisheiten unsere Gedanken in der Geschäftswelt bewegen und nicht die Sorge um die Aktienkurse? Und die Inbrunst eines lateinamerikanischen Glaubens an Mutter Maria die Welt wieder lieblich mit der Natur versöhnt?

Ich glaube nicht mehr an den Export amerikanischer Fabrikwaren und Werte in aller Welt, sondern an den Import der anderen Kulturen, von deren Harmonie mit der Schöpfung wir noch soviel lernen können. Nur so ist Globalisierung sinnvoll und gerecht im fruchtbaren Dialog der Kulturen.

Segen oder Schädling.

Was ist der Sinn des Lebens?

Es gibt zwei Arten des Sinns: Der private Lebenssinn und der öffentliche Lebenssinn. Der private Lebenssinn ist mir heilig und ich möchte mich dazu nicht äußern.

Nach Betrachtung des öffentlichen Lebenssinns können wir zu drei Ergebnissen kommen:

Mein Leben ist:

a) sinnvoll

b) sinnlos

c) schädlich

Was uns öffentlich macht, ist neben Gedanken, Liebesenergie und Spiritualität unsere **Geldkraft**. Wenn ich mit meiner Geldkraft positive Dinge unterstütze und zum Beispiel im Bioladen einkaufe, bekomme ich Sinnpunkte, die meinem Leben einen Sinn geben. Das Kaufen von Kunst, Kunsthandwerk und allem lobenswert positiv hergestellten, sowie das finanzielle Unterstützen von Umweltorganisationen, humanitären Hilfen und Ähnlichem geben meinem Leben viele Sinnpunkte. Ich bin ein Segen für die Welt.

Das finanzielle Unterstützen des Bruttosozialproduktes oder der allgemeinen Wirtschaft hat keinen positiven Sinn, da das ganze System in Frage gestellt ist (**„Gott wird die zerstören, die die Erde zerstören.“** Offenbarung 11.18), diese oft gerade von der Industrie mißbrauchte Sinnargumentation ist

leider nicht mehr tragbar. Die Frage ist, wie sinnvoll erzeuge ich Geld und wie sinnvoll gebe ich es wieder aus. Ist mein Beruf sinnvoll, ist mein Konsum sinnvoll, bin ich vielleicht sogar ökosozial, kulturell oder religiös engagiert (viele Sinnpunkte) und bin ich **Grünwähler** oder nicht. Damit haben sich die Möglichkeiten, einen öffentlichen Lebenssinn zu haben, eigentlich schon erschöpft. Ist dieses alles nicht der Fall, so ist mein öffentliches Leben entweder sinnlos oder sogar schädlich. Konsumiere ich negative Produkte (schädliche Reinigungsmittel, Industrieprodukte, etc), fahre ich ein Auto, ist mein Beruf eher schädlich für die Umwelt und engagiere ich mich nicht, um diesen Zustand eventuell auszugleichen, spende ich nicht und wähle ich nicht grün, so muß ich zugeben, daß mein öffentlicher Lebenssinn ein schädlicher ist. Ich bin ein Schädling. Mein Leben ist schädlich für die Umwelt und ich habe Gott zu meinem Gegner (Islam). So ziehe nun jeder die Bilanz für sein Leben und überdenke den Sinngehalt seines Lebens neu.

Für ein sinnvolles Leben und eine positive Lebensgestaltung.

Königliche Manufakturen statt Fabriken

Warum ist alles so grau, so gleichförmig, so häßlich? Warum fehlt Schönheit und Individualität? Warum ist das Leben für viele nicht mehr lebenswert? Die Antwort liegt zum Teil in der kalten, seelenlosen Fabrikation der Dinge, die uns umgeben. Fabrikgefertigte Produkte haben keine Seele, kein Gegenüber, niemand der sagt, schau, dies hab ich nur für Dich gemacht. Das unterstreicht die Einzigartigkeit einer jeden einzelnen Persönlichkeit und macht den Menschen zu einer einmaligen, wertvollen Person. Statt dessen entfremdet uns ein kaltes, nur profitorientiertes Wirtschaftssystem und eine unpersönliche **Maschine** produziert Massenware und macht den Konsumenten ebenso zu einem Massenmensch, „der in seinem blödsinnigen Gleichheitstaumel alles, was schön und erhaben auf dieser Erde ist, zerstört." (**Heinrich Heine**).

Der einzigartige, von Gott geschaffene Mensch geht dabei verloren, ja, er kann sich kaum noch vorstellen, von einem liebenden persönlichen Gott einzigartig und individuell geschaffen zu sein, seine Alltagserfahrungen sind anders. Wenn der Produzent eine anonyme Maschine ist, die uns täglich mit Gütern versorgt, werden auch wir eine anonyme Nummer und gehen als Persönlichkeit unter.

Aus dieser Problematik hilft nur die Umstellung des eigenen Konsums zugunsten von Kunst und Kunsthandwerk, zu einmalig geschaffenen Artefakten, von Menschenhand produziert, die uns an unsere eigene Einmaligkeit erinnern und dorthin zurückführen können. Durch diese Umstellung kann die Welt wieder menschlicher und schöner werden und ist über dies hinaus auch **der** ökologische Weg in ein neues lebens- und umweltfreundliches Zeitalter hinein, welches man in vielen Dingen schon kommen sieht.

So laßt uns Manufakturen gründen, **königliche Akademien**, in denen semesterweise Kunst, klassische Mode und Kunsthandwerk gelehrt wird, königliche Ateliers, in denen in edelster Weise Kunst und Alltagsware erschaffen wird.

Manufakturen statt Fabriken, Kunsthandwerk statt billiger Plastikware, Kunst statt Kommerz.

Die soziale Plastik von Joseph Beuys

Humaner Kapitalismus

Dem Dilemma zwischen dem westlichen Kapitalismus und dem inzwischen untergegangenen östlichen Sozialismus kann nur durch den „humanen Kapitalismus" begegnet werden, der alle individuellen Freiheiten des westlichen

Kapitalismus in sich vereint mit den berechtigten sozialen Ansprüchen des östlichen Lebensmodells und damit zum Modell der Zukunft wird. Kapitalismus darf geschehen, der Geldfluß darf und soll fließen, Wohlstand wird begrüßt, ja sogar bis ins Schönste und Edelste erhoben, Individualismus wird groß geschrieben und Originalität belohnt. Ein jeder kann sich artgerecht auf dem großen Markt mit seinem Produkt wohlfeil anbieten und im salomonischsten Sinne „reich" werden.

Die Bedingung ist: Humanität. „Arbeit ist immer Arbeit für andere". Nach dieser, von Joseph Beuys geforderten These ist das erwirtschaftete Kapital an Humanität gebunden. Wie erzeuge ich mein Geld, und wofür gebe ich es aus, lautet die Frage. Ist es human und ökologisch erwirtschaftet und investiere ich ebenso nur in solche Dinge? Sind die Steuern, die ich bezahle, wirklich in gute und soziale Zwecke investiert? Gedenkt mein Staat seiner Verantwortung für die **dritte Welt** und werden auch hier in Deutschland ansässige Sozialhilfeempfänger human behandelt? Sollte nicht gerade der Starke den Schwachen stützen?

Ist nicht die **direkte** Demokratie per Volksabstimmung der Weg, dies zu koordinieren? Indem das Volk entscheidet, wofür die vielen Steuern eingezogen werden? Investieren wir in den Eurofighter oder in Bildung, Pflege und Soziales und wie sichern wir unseren Frieden, wenn nicht durch Ökologie und globale Gerechtigkeit? Möge die direkte Demokratie auch bundesweit ihren späten Siegeszug in die demokratische Wirklichkeit bald erfahren.

Freie Manufakturen statt Fabriken

Den von Beuys geforderten Gründungen von freien Schulen möchte ich die freie Manufaktur hinzustellen. Von Ludwig dem XIV. gegründet, waren sie die Vorläufer der modernen Fabriken und sind daher geeignet, diesen Prozeß der Industrialisierung in den Ansätzen wieder umzukehren. In Anbetracht der von den Fabriken ausgehenden Umweltzerstörung und der durch die Rationalisierung entstandenen Arbeitslosigkeit ist eine Umkehr gefordert. Außerdem ist das massenhaft entstandene Proletariat eine unschöne Nebenwirkung der „bösen" Fabrik.

Wie ist also eine Umkehr möglich? Freie Manufakturen könnten von Künstlern, Kunstpädagogen, Ergotherapeuten oder Industriedesignern als Atelier mit vielen Mitarbeitern genutzt werden, um ihre kunsthandwerklichen Design-Produkte in größeren Mengen herzustellen. Sei es, daß Porzellan erstellt und bemalt würde, Dinge des Alltags massenhaft produziert werden würden oder alles andere Marktfähige (z.B. Gips-Büsten oder klassische Mode) als edles, ökologisches und humanes Produkt die seelenlose Massenware der gesichtslosen gleichgeschalteten Massenmenschen langsam verdrängen würde. Das Proletariat würde umgewandelt zu glücklichen Kunsthandwerkern und die Massenarbeitslosigkeit ein Ende nehmen.

Das Mittelalter und die darauf folgenden Epochen stellen die schönste und radikalste Form der Ökologie dar, da es gar keine Fabriken gab und alles, wirklich alles in edelster und schönster Art und Weise mit der Hand hergestellt wurde. In

Anbetracht dessen, daß „Gott die zerstören wird, die die Erde zerstören" (Offenbarung 11.18) ist eine radikale Abkehr von allen zerstörerischen Elementen dieser Gesellschaft angeraten.

Das Original statt Massenmensch, Manufakturen statt Fabriken.

Jeder Mensch ist ein Künstler

Beuys befreit den Begriff des Künstlers von seiner elitären Sonderfunktion hinein in die Allgemeinheit eines jeden Bürgers. Dabei meint er nicht das Gemälde oder die Skulptur, sondern die gesamte „soziale Plastik". Jeder würde durch seine Taten, seine Gedanken, ja seine Gefühle positiv an der Gesamtplastik mitwirken. Der Einzelne ist aufgefordert aktiv, ja basisdemokratisch durch positive Taten, positive Gedanken und positive Gefühle die Wirklichkeit und die Spiritualität einer Gesellschaft mitzuformen.

Das Gesamtkunstwerk **„Wirklichkeit"** kann durch den einzelnen verschönert und veredelt werden, ich kann schöne und positiv hergestellte Produkte durch meinen Konsum fördern, ich kann mich entscheiden, ein schönes, klassisches Haus zu bauen und mich zur optischen Erquickung aller interessant und edel kleiden, mich bilden, eine schöne Sprache entwickeln, gute Sitten an den Tag legen und so zu einem wertvollen Kleinod der Gesellschaft werden. Jede freundliche Geste ist eine kreative Handlung in und an der sozialen Gesamtplastik. Jeder positive Gedanke, jedes gute Gefühl, jede Tat hat eine Wirkung im Ganzen.

Auch das geforderte höhere Bewußtsein, die Grundvoraussetzung für das Entstehen einer höher entwickelten Gesellschaft kann ich nur als einzelner entwickeln um es dann auszusenden und andere mit hineinzurufen. Höhere **Spiritualität** muß geschaffen und in die Gesamtplastik ausgesandt werden.

Die Dreigliederung der sozialen Plastik

Die Dreigliederung der sozialen Plastik, die Joseph Beuys hier von Rudolf Steiner aufgreift, besteht aus drei Elementen: Das „freie Geistesleben", ein von Gleichheit bestimmtes „Rechtswesen" und ein „Wirtschaftsleben", das von Brüderlichkeit und Solidarität als wesenhaftes Merkmal geprägt ist. Alles wird vom Geist aus gedacht, und beeinflusst, daher muß das freie Geistesleben (das Hochschulwesen und die Wissenschaft, alle religiösen Gemeinschaften und das gesamte Kulturwesen) höchste Priorität besitzen und an erster Stelle stehen. Das freie Geistesleben nimmt Einfluß auf den Staat und dieser bestimmt die Richtlinien der Wirtschaft. Nur so ist das Ideal erreicht, nur so der Geist, die höchste religiöse Einheit, der große Inspirator oder einfach nur Gott an der einzigen Stelle, die ihm gebührt, nämlich an der ersten. Nur so kann aus der **Freiheit** des Geistes, der **Gleichheit** im Rechtsleben und einer **Brüderlichkeit** in der

Wirtschaft sich das Ideal der französischen Revolution erfüllen. Ein Professorenstaat, ein **Künstlerstaat**, ein Gottesstaat. Doch hierzulande ist es umgekehrt. Die Wirtschaft dominiert seit der industriellen Revolution den Staat und die Wissenschaft. Ein Teil der Politiker sind korrumpierte Marionetten der Industrie und die Bildung ist unterdrückt. Der Geist, der regieren sollte, um aus reiner Vernunft **Frieden** zu erzeugen, wird erpresst und bedrängt. Die Gelder werden gekürzt, das Gewissen wird verdrängt.

Oh, Geist der Wissenschaft (und Bildung),
Oh, Geist der Wahrheit (alle religiösen Gemeinschaften),
Oh, Geist der Vernunft (die Grüne Partei),
Oh, Reich der Humanität,
erhebe Dich über den korrupten Staat eines gottlosen Systems, verwandle die Herzen und erlöse die Wirtschaft durch eine gerechte Kultur.

Ayatollah Khomeini - der islamische Staat

In der Sprache ihrer dreizehn Jahrhunderte alten Kultur und Religion, in der Sprache des **Islam**, beginnt Ayatollah Khomeini seinen Kampf für Gerechtigkeit und gegen die Armut.

Seine Befreiungstheologie mit starkem karitativen Engagement richtet sich gegen das vorislamische Zeitalter der sogenannten Ignoranz, in dem die verwestlichten Autokraten der Korruption verfallen sind. Die westlichen Technologien und ihre Industrie, ja, die ganze Moderne wird abgelehnt und boykottiert. Mit seinen Ideen, die er in 132 Interviews und seinem Buch „Der islamische Staat"[17] veröffentlichte, einigt er die fromme Mittelschicht, die Armen und Entwurzelten, die Linken und Kommunisten, und die muslimischen Minderheiten zu einer gläubigen Schar.

Mit 98% Zustimmung ruft er die Regierung Gottes aus. Endlich ein Gottesstaat, endlich der Weg ins Paradies.

Möge auch bei uns die Regierung Gottes ausbrechen und das „freie Geistesleben" seinen Einzug halten in die überparlamentarischen Kreise des **„Hohen Rates"** (um dessen Zustimmung die Regierung bitten muß). Möge das Judentum und alle Religionen mit der Wissenschaft vereint und in allen Künsten, veredelt durch den Adel, als eine gerechte Kultur wie ein vorparadiesisches Licht im Völkermeer erscheinen und die Verheißung von Jakob Lorber (einer von „verinnerlichter Religiösität" gekennzeichneten Nation) in einem **grünen Professorenstaat** in Erfüllung gehen.

Das Friedensreich in Deutschland, des Himmels Monarchie!

Die griechische Demokratie

Die griechische Demokratie, auf die wir heute so stolz sind war das genaue Gegenteil von der heutigen Form der Demokratie. Früher durften nur hochsensible, gebildete Feingeister über so wichtige Dinge wie Krieg und Frieden entscheiden. Heutzutage ist es genau umgekehrt. 40% von Medien wie die Bildzeitung, beliebig manipulierte Hauptschüler entscheiden über das Schicksal von Deutschland, über Krieg und Frieden, über Sein und Nichtsein. Nur 10% haben einen **Universitätsabschluss** und so bleibt die Wahrheit, die Vernunft, die Bildung, der richtige Weg immer eine unterdrückte Minderheit. Wie lange kämpfen wir schon mit allen Fachleuten gegen Atomkraftwerke! Würde das Wahlrecht nur auf Akademiker fallen, würde die Vernunft in die Politik einziehen und ein enormer Linksruck könnte uns **Grünen 70%** verschaffen. Mit Idealen, unbestochenen Fachleuten könnten wir die ideale Politik, ein Paradies für alle realisieren!

Für ein neues Wahlrecht!

Vive le revolution!

Das holländische Modell

Ähnlich wie in Holland seit mehreren Jahren üblich könnte der Staat erwerbslosen bildenden Künstlern monatlich 2.000 Euro inklusive Versicherung als Arbeits-Stipendium überweisen und hätte im Gegenzug ein oder mehrere Bilder des Künstlers zur Verfügung. Der Staat oder die Stadt könnte dann große Ausstellungen organisieren und die Bilder mit Gewinn weiterverkaufen. Denkbar wäre eine Jahresausstellung in zum Beispiel den Deichtorhallen mit einem Katalog der ausstellenden Künstler. Der Staat könnte dann seine guten Kontakte zur Wirtschaft nutzen und liquide Kunden einladen, die so einen großen Prestigegewinn erreichen. Große Firmen haben in ihren Büros genügend Platz, um tausende Werke zu hängen und ihre Büros imagefördernd zu verschönern. Ausgediente Kunstprofessoren könnten beim Atelierbesuch beratend die Künstler fördern und Bildserien initiieren.

So könnten tausende von bildenden Künstlern entdeckt, gefördert und bekannt gemacht werden. In Italien können 250.000 Maler von ihrer Kunst leben weil dort das Original dem trivialen Poster vorgezogen wird.

Die Kulturrevolution
Das Manifest

- Rückkehr zu klassizistischen, barocken und ähnlichen Stilepochen in der Architektur (Atlanten und Karyatiden, erst dann bin ich zufrieden), 7% des Bauvolumens für Kunst am Bau

- Aufgreifen von neo-barocken Kostümen und ähnlichem in der Modewelt. Schluß mit dem Einheitsgrau

- Konstruktion von hübschen Elektro-Oldtimern

- Entwicklungshilfe (Mitbestimmungsrecht in Steuerfragen, direkte Demokratie, Verantwortlichkeit der ersten gegenüber der dritten Welt)

- Bedingungsloses Grundeinkommen von 1.500 €

- Einführung der **direkten Demokratie** auch bundesweit

- Einführung der **griechischischen Demokratie**

- **Semirente**

- Spenden für karitative und ökologische Einrichtungen

- Keine Tierversuche, Vegetarismus

- Neutralität. Umstellung der Bundeswehr zur humanitären Einsatztruppe (THW)

- Kontrollierung aller Produkte auf Umweltverträglichkeit

- Begrünung der Großstädte

- Anlegen von Biotopen

- Kaiserliche Akademien für Kunst, Mode und Bildhauerei

- Königliche Kaufhäuser der Künste

- Manufakturen statt Fabriken

- Umstellung des Konsums zugunsten alternativer Produkte (Kunst, Kunsthandwerk, handgeschneiderte Rokoko-Kostüme, antike Möbel und Accessoires, Naturprodukte, Dritte-Welt-Produkte, Naturkost)

- Die Gründung einer Künstlerkolonie in Indien als kulturökologisches Gesellschaftsmodell und als devisen-bringender Beitrag zur Entwicklungshilfe

- Einführung des „holländischen Modells" für bildende Künstler

- Stipendium für Literaten

- Vermehrte Förderung von Kunst und Kulturprojekten; von Künstlern überhaupt, um gemeinsam eine umweltfreundliche Gesellschaft zu formen

- Betonung des Adels und dessen Zeit als Ausdruck hoher und edler ästhetischer Harmonie mit der Natur. Vorbildfunktion als Krone der Schöpfung

- Legalisierung von Cannabis **(Paradise Tax)**

- Erziehung zum humanen und edlen Menschenbild

- Bildung des "Hohen Rates"

- Bildung einer religionsübergreifenden Gottesvorstellung und Förderung des interreligiösen Dialogs zur Förderung des globalen Friedens

Das Mozart-Reform-Konzept

Kleiderordnung in Schulen und Amtsstuben

Die Idee: Man lasse drei verschiedene, von den Schülern selbst entworfene Kostüme (Grundschule, Mittelstufe, Oberstufe) demokratisch wählen und zur Klassen- oder Schuluniform küren. Dabei sollten die klassischen Epochen (z.B. Rokoko) berücksichtigt werden. Kaiserlich goldene Knöpfe sollen den Schülern die Würde ihres Bildungsweges vermitteln, sie auf Weltgeschichte neugierig machen und sie so darauf vorbereiten, Verantwortung für ihre Zukunft zu übernehmen. Die Schuluniform kann edel und hip sein und ist dabei nicht teuer. Da die Kostüme nur etwa 300 Euro kosten sollen, ersparen sie den Eltern den teuren Markenwahnsinn ihrer Kinder. Da jährlich etwa 700.000 Kinder neu eingeschult werden und in den zwei höheren Stufen jeweils jährlich die selbe Menge Kostüme benötigt werden und zusätzlich die Amtsstuben mit Roben und klassischen Kostümen glänzen könnten (das Kostüm würde bei Amtsanfängern jeweils vom ersten Weihnachtsgeld finanziert und vermutlich später stolz den Enkelkindern präsentiert), ist bei einem Monatsgehalt von etwa 2.000 Euro brutto für 250.000 Schneider/innen und Kostümdesigner/innen die Existenz gesichert. Dem durch die Kleiderordnung entstandenen Bedürfnis nach Schuluniformen und Amtsroben könnte durch große

Manufakturen und Modeateliers als der dafür zur Verfügung gestellte Raum mit Nähmaschinen begegnet werden.

Kaiserliche Akademien für Kunst, Mode und Bildhauerei

Als Grundvoraussetzung, all diese Kostüme, Schuluniformen und Artefakte zu erzeugen, bedarf es einer qualifizierten Ausbildung z. B. eines zehnsemestriegen Studiums auf der kaiserlichen Akademie für Kunst, Mode und Bildhauerei. Die Akademie ist staatlich anerkannt und die Studenten können Bafög beziehen. So könnten auch Kunstmaler und Bildhauer, Goldschmiede und Kunsthandwerker auf den Markt vorbereitet und professionalisiert werden.

Kaiserliche Kaufhäuser der Künste

Um all diese Produkte an den Edelmann oder Dame zu bringen, bedarf es Kauf- häuser der Künste. Dieses wird von einem Herzog (siehe höfische Gemeinschaft auf dem Lande) geleitet, der für das Marketing und die Werbung zuständig ist. Das Kaufhaus kauft regelmäßig die Produkte der ausgewählten Künstler an und bietet diese zu marktorientierten Preisen an. Um dem Strom der kreativen Produkte zu begegnen und diese unter das Volk zu bringen scheint es notwendig, zusätzlich in den Versand zu gehen und durch Kataloge auch den letzten Winkel der Republik oder der ganzen Welt zu erreichen. Käme es zu einer Kulturrevolution, könnten Millionen davon leben.

Höfische Gemeinschaften auf dem Lande

Da im Osten des Landes viele Häuser, Höfe und Schlösser leer stehen und auf ihre würdige Restaurierung und höfische Nutzung warten, ist es möglich, diese für wenig Geld zu erwerben und kreative, höfische oder spirituelle Gemeinschaften zu formen oder ein Hotel zu errichten. Es werden die Initiatoren zu Grafen, Baronen und Herzogen (ab 100 Personen) ernannt, um so harmonisch mit dem geplanten Mozartministerium abgestimmt zu sein. Um der Verbraucherministerin Künast ihre 8% Biolandbau zu ermöglichen ist ökologisch-dynamische Nutzung angedacht. Spirituell-kreative Gemeinschaften könnten mietfrei in den Schlössern Kunst und Mode produzieren, Seminare geben oder Zimmer vermieten, der Phantasie ist hierbei keine Grenze gesetzt. So könnten etwa 100.000 Arbeitslose glücklich werden.

Ateliers für Ornamentik und Fassadenverschönerung

Die Idee: Ein Bildhauer studiert an der kaiserlichen Akademie für Kunst, Mode und Bildhauerei die Ornamentik des Jugendstils und des Klassizismus, entwickelt davon Abgussformen und als Höhepunkt des fünfjährigen Studiums eine eigene ornamentale Kollektion sowie Plastiken. Er eröffnet ein Atelier, produziert mit Assistenten, die vom Kunden aus einen Katalog ausgesuchten Zementornamente, Engel, Atlanten und Kyriatiden und läßt diese von einem Außenteam auf die verödeten Fassaden des 20. Jahrhunderts installieren. Bei 7% für Kunst am Bau kann der Bildhauer oder Maler so viel verdienen, dass er nur eine

große Figur oder ein Werk herstellt, und so etwa 250.000 Maler und Bildhauer von ihren Künsten leben können. So würden global die Städte erblühen und der Immobilienwert steigt um ein vielfaches.

Kaiserliche Kolonien

Um vorweg Ängste abzubauen, hier handelt es sich um einen Neo-Kolonialimus, der bestrebt ist, dem Gastland statt es auzubeuten, einen finanziellen Segen zu bescheren und auch Entwicklungshilfe zu leisten. Angedacht ist eine Modellkolonie für 300 Künstler im indischen Raum. Hier gilt wieder das Prinzip, durch selbstgebaute Lehmhäuser mietfrei zu Wohnen und die Produkte an das kaiserliche Kaufhaus in Berlin oder Moskau zu schicken. Im Zentrum der Anlage steht ein interreligiöser Tempel zur Friedensbewahrung und eine kaiserliche Akademie für Kunst, Mode und Kunsthandwerk. Durch Cafés und Bühnen für Theater und Musik sowie Strandnähe soll ein kleines Paradies errichtet werden, an dem die Welt modellhaft lernen soll, wie Leben in Harmonie mit der Schöpfung möglich ist. Zusätzlich und zur Sicherung der Lebensgrundlage sollen auch Obst, Tee und Gemüse angebaut werden, so daß auch für sich schlecht verkaufende Künstler im Notfall eine Existenz im landwirtschaftlichen Bereich gesichert ist. Ein Krankenhaus ersetzt die Krankenversicherung und steht auch für die indische Bevölkerung, als Beitrag zur Entwicklungshilfe mit medizinischer Versorgung und Lebensmittel für die Ärmsten zur Verfügung. Das, was im kleinen möglich ist, könnte auch in wesentlich größeren Dimensionen für Hunderttausende eine neue Heimat werden. Nicht unmöglich wäre eine riesige

Stadt für Produktion, Kostümdesign und Landbau in Queensland, Australien. Nicht unmöglich wäre eine riesige Stadt für künstlerische Produktion, Kostümdesign und Hanfanbau in Goa, Indien. Verschiedenste architektonische Experimente wären dort möglich, um in kürzester Zeit dieses Wunder zu vollbringen.

Hanfanbau für Home-Grower

Und würde man den Hanf (Der Baum des Lebens zur Heilung der Völker) Anbau endlich wieder legalisieren, könnten global mindestens **10 Millionen Homegrower** glücklich werden. Ob in der eigenen Wohnung oder idyllischen kleinen Gärtnereien, fast jeder ist ohne Ausbildung in der Lage, mit sehr wenig Arbeit viel Geld zu verdienen. Und würde man **„Paradise-Tax"** einführen (ein Drittel des Gramm-Preises geht an den gemeinnützigen Mozart-Verein), könnte man mit den jährlichen mindestens 250 Milliarden den Hunger ausmerzen und alle Not beenden. In Katastrophenfällen könnte man sofort reagieren und über alle Not hinaus die Erde durch Parkanlagen und Stadtbegrünung zu einem neuen Paradies gestalten. Es wäre möglich, die Erde in 100.000 Grafschaften aufzuteilen, in denen man konkret Biotope, Parkanlagen, Blumenfelder und kleine Schlösser errichten könnte. So wird die Erde innerhalb von vielleicht 20 bis 30 Jahren zu einem paradisischen Garten erblühen.

Legalize it sofort!

Deutschland ein Wintermärchen, Teil 1

Als Deutschland noch jung war und in Wäldern und Wiesen, an Tümpeln und Seen die Elfen spielten und die Eiche heilig war und alle Natur geschwängert war von einem pantheistischen Gotte, der sich in einem Blatt, einer Blüte und einem Schmetterling offenbarte, war die Welt noch in Ordnung und der Mensch ein gesunder Teil von ihr.

Das Unglück kam mit dem römischen Reiche, das statt in Waffenrüstung in einem Talar die Wiesen und Wälder eroberte und mit einem Heer von Missionaren das neue römisch-katholische Imperium in die alte germanische Heimat trug. Die Götter wurden zu Dämonen erklärt, die Natur verteufelt. In gnostischer* Verzerrung des einst **jüdischen Christentums** wurde in der Befehlssprache der Feldherren, dem Latein, ein grausamer Feldzug gegen den Leib zelebriert, ein indisch-asketisches Ideal galt der Abtötung des Fleisches und der Entsagung aller sinnlichen Freuden. Alles Materielle galt dem Reich des Bösen und nur in der Ewigkeit war Erlösung zu finden.
Und so wundert es nicht, daß ein deutscher Mann sich
*man trennte den Geist von dem Leib

erhebt und todesmutig 95 Thesen an eben jene römischen Pforten nagelt und damit das Imperium beinahe zum Einsturz führt. Der deutsche Geist wittert jenen gnostischen Irrtum und ein ganzes Volk übt den Aufstand. Die Reformation bricht aus und der Pendelschlag der Geschichte schwenkt in sein Gegenteil. Die Heiligenbilder werden verbrannt, Mutter Maria wird abgeschafft, Wunder physikalisch erklärt und statt eines blinden Vertrauens in die katholische Kirche und ihrem unverständlichen Latein wird aus der begründeten Hingabe zur heiligen Schrift ein kalter Rationalismus.

Die Aufklärung verabschiedet sich von seiner Unmündigkeit und mit **Kant**, dem Henker, wird Gott endgültig getötet und von **Fichte** begraben. ER war halt empirisch nicht mehr zu fassen und eine unangenehme Erinnerung an die „ansteckende Krankheit der Leibesverneinung, deren Schwäche man noch heute in den Gliedern spüre" **(Heinrich Heine)**[18] und man sich deren durch das verzweifelte Gegenmittel eines gottlosen Materialismus zu wehren wußte.

Wie die trotzige Tat eines Kindes begann man, Götzen als Gott zu verehren und badete erst einmal ausgiebig in der Sinnenwelt. Doch hat sich dieses verständliche Anliegen verselbständigt und wir degenerierten weiterhin gottlos in eine verkehrte Richtung. Wir sind ein Babylon der Ungläubigen geworden, wir sind gottloser denn je. Unsere Werte tendieren zwischen Mickey Mouse und Hollywood und wir glauben an die Deutsche Bank, denn die zahlt aus in bar, ja ja. Es zählen:

Leistung statt **Liebe**
Geld statt **Gott**
leeres Wissen statt **Glauben**
Haben statt **Sein**
Industrie statt **Kultur**
Verderben statt **Moral**
Tod statt **Leben**

Dessen bedarf einer Lösung: „Die Materie muß rehabilitiert werden" (**Heine**), sie bedarf einer moralischen Anerkennung und sie muß sich wieder mit dem Geist versöhnen. Das bedeutet, daß sie vernünftig werden und sich wieder, um anerkannt und geheiligt zu werden, mit der Natur versöhnen muß. Die Wandlung, die sie zu vollziehen hat, geht ja wie schon erwähnt zum Kunsthandwerk und allem Schönen, was der Natur nicht schadet.

Die Materialisten werden erlöst von ihrer Gottlosigkeit, sie sind durch einen sinnvollen Konsum gesegnet und der Geist und die Vernunft ziehen ein in die Wirklichkeit. So müsse sich auch die Kirche rehabilitieren und in salomonischer Sinnenfreudigkeit den Leib als Tempel Gottes ehren, sie müsse der Natur versöhnend die Hände entgegenstrecken, sie umarmen und mithelfen (was sie auch schon tut) eine gerechte und schöpfungsgemäße Kultur zu errichten und die Natur als einen Gottesgarten zu preisen und zu schützen.

So sehe ich nicht nur für die Kirche, sondern für ganz Deutschland die Chance, sich zu rehabilitieren...

Deutschland ein Wintermärchen, Teil 2

Denn gerade für Deutschland gilt die Prophezeiung des Jakob Lorber, daß hier das tausendjährige Friedensreich beginnen soll. Ein Reich von verinnerlichter Religiösität und auch eine grüne Monarchie soll es wieder werden. Denn gerade Deutschland, und das werde ich erklären, ist wie geschaffen dafür.

Es gibt jene schöne alte Legende, in der mein Vorfahre, Jakob der I., ein jüdisch-dänischer Adliger (die Geschichte spielt in Nordfriesland, welches damals dänisch war) vor etwa 700 Jahren im Mittelalter ein Geschäft mit der dänischen Krone tätigte und ihm daraufhin die **Prinzenkrone** versprochen wurde. Als das Geschäft vollzogen war (es wurde viel Land verkauft), gab der dänische König ihm nur eine Krone aus Blech. Enttäuscht wandte sich Jakob an Gott und der versprach ihm oder seinen Nachkommen eine echte Krone, wenn er oder einer seiner Nachkommen das Reich Gottes auf Erden errichten würde...
Doch auch sonst ist Deutschland eine ganz besondere Nation, in die wahrhaftig das Potential zum Friedensreich gelegt ist.

Angefangen vom Pantheismus der alten Germanen, bei denen Siegfried im Nibelungenlied plötzlich die Sprache der Vögel verstand, als ein Tropfen Blut des erschlagenen Drachen seine Lippen benetzte, über das „Heilige Römische Reich Deutscher Nation", all das Mittelalter hindurch, als die Religion der Germanen in der sagenhaften Welt der Ritterromantik und dem Märchen fortlebte und alles von Wundern durchdrungen war. Dieses sagenhafte Reich in der Mitte der Zeit.

Doch auch das Christentum vermochten die Deutschen tiefer aufzufassen als andere Nationen und mit Luther, dem Erneuerer und seiner neuen Bibel, in Deutsch gefasst statt dem Latein, wurde die deutsche Sprache das ideale Medium für den Geist und die Natur.

„Die deutsche Sprache ist wie ein Bergquell, der aus hartem Felsen hervorbricht, wunderbar geschwängert von unbekanntem Kräuterduft und geheimnisvollen Steinkräften. In keiner anderen Sprache hätte die Natur ihre geheimsten Werke offenbaren können, wie in unserer liebdeutschen Muttersprache. Nur auf der starken Eiche konnte die heilige Mistel gedeihen" **(Heinrich Heine)**.

So kam mit der neuen Benutzbarkeit der deutschen Sprache auch die „große Tochter der Reformation" zur Welt, die deutsche Philosophie. Hier finden wir eine große Ähnlichkeit zu Israel, nicht die gemeinsame Feindschaft mit den Römern, sondern die „Reinheit des Geistes" (Heine) mache Deutschland zu einem neuen Jerusalem. Ebenso wie Israel sind die Deutschen ein Volk des Geistes. Denn wie den Engländern und Franzosen das Land gehört (Kolonialismus des 18. Jahrhunderts), so ist das Reich der Deutschen das Land der Träume (Religion und Philosophie), und was in der französischen Revolution tatsächlich geschieht, wird in der deutschen Philosophie geträumt.

Madame de Staël bezeichnet uns als eine metaphysische Nation. Das Herrlichste und Heiligste, was Deutschland je hervorgebracht hat, ist jene Humanität, Menschenverbrüderung, und Kosmopolitismus, dem unsere großen Geister **Lessing, Herder, Schiller, Goethe, Schlegel und Heine** immer gehuldigt haben. „Deutschland ist das Land der **Dichter und Denker**" (Madame de Staël).

Mit Goethe und der romantischen Schule wird der alte Pantheismus, der sich in der mittelalterlichen Kultur erhalten konnte, wiederbelebt. Diese neue Naturphilosophie, die mit ihrer ideenbelebten und durchgötterten Natur aufkam, sagte dem deutschen Geiste so sehr zu und so wurde der Pantheismus die verborgene Religion Deutschlands, denn Deutschland ist der gedeihlichste Boden, ein heiliger Acker des Herrn.

Aus der Aufklärung wurde der Sozialismus und mit Marx, ebenfalls einem Deutschen, kam die größte Utopie eines besseren Lebens in die Welt. Ein System ward geschaffen, nur fehle noch der „neue Mensch", um dieses zu bewohnen.

Mit **Friedensreich Hundertwasser** und seiner Philosophie von den weichen Formen und dem ökologischen bauen, ja mit Joseph Beuys und seiner Wärmeplastik und allen 68ern wehte die Verheißung vom Friedensreich erneut in die Welt und die „neue Zeit" begann. Denn das Zeitalter des Wassermannes hielt seinen Einzug in die Träume der Aufrechten und der außerparlamentarischen Opposition. Aus den so sensibel-kritischen Geistern Deutschlands erwuchen die innerparlamentarischen Grünen und erwachsen geworden bereiteten auch sie den Weg ins Paradies.

Die Verheißung ist ausgesprochen über Deutschland und viel Gutes ist hier schon getan. Sollte aus dem Saulus nicht ein Paulus werden, aus der Finsternis des Dritten Reiches ein Licht für alle Völker? **„An den deutschen Spesen soll die Dritte Welt genesen"**, so nützen wir unseren natürlichen Größenwahn, um die ganze Welt zu erfreuen.

Und stehen wir zu unserem pantheistischen Erbe, in dem alle Dinge nach einem höheren Grade der **Göttlichkeit** streben, in dem der Weg von der Göttlichkeit einer Blechdose zu der eines meisterhaften Bilderrahmens oder gar eines **Kronjuwels** noch ein sehr weiter ist. Unsere alltäglichen Dinge, unsere Autos und besonders unsere Architektur müssen sich auf den Weg der Vergöttlichung machen, um die Anwesenheit Gottes in der Materie (Kultur) zu ermöglichen und zu erhöhen. Ist die Kultur vergöttlicht, zum Beispiel in einer wunderschönen klassischen Villa, so kann der Zorn Gottes (Islam) nicht über dieses Haus oder diese Kultur kommen, da Gott nicht Gott bekämpft.

Nur so, durch eine wunderschöne und vollkommen friedfertig der Schöpfung gegenüber gewordene **Kultur** und einer Gerechtigkeit allen Völkern gegenüber (die Armen und Hungernden) können wir uns vor Angriffen islamischer Fundamentalisten und dem Islam schützen. Nur so steigen wir um, von dem zum Untergang geweihten Babylon in eine heilige, gerechte, göttlich durchdrungene und wunderschöne Welt handgefertigter Kunstprodukte, einem **neoromantischen Idyll** der Humanität, in dem mittelalterliche Poesie und barocke Kunst mit einem tiefen und gesunden Glauben sich vermählt und darum in Deutschland Frieden herrscht statt Untergang.

Wir werden das Friedensreich in Wehen erfassen und für Augenblicke scheint es schon da zu sein. Dann erhebe Dich, oh Deutschland, und bete für Deine Bestimmung im Völkermeer und werde ein heiliges Reich verinnerlichter Religiösität und guter Werke. Werde ein Gottesreich und eine blühende grüne Monarchie.

Oh, Deutschland, Du mein Friedensreich, mein süßes Wintermärchen.

Das letzte Fazit

Wie geht die Revolution weiter nach so viel grüner Theorie? Gab es nicht schon genügend Bücher, die nichts bewirkten? Wäre es nicht wunderbar, wenn sich all dieses verwirklichen würde?!

Ich werde nun zu diesem Zweck zu den Grünen gehen und dort 7% für Kunst am Bau inklusive einer Kunsthochschule für Kunst, Mode und Bildhauerei, die Semi-Rente und die Legalisierung von Hanf-Anbau beantragen. Durch Paradise-Tax (ein drittel des Gramm-Preises geht auf ein Extra-Konto) kann global so viel Geld verdient werden, dass es ein Leichtes ist, den Welthunger zu besiegen und die Erde innerhalb von 20 bis 30 Jahren zu einem neuen Paradies zu gestalten. Mutter Erde, die Braut will geschmückt sein, wenn der Messias (Vishnu), der Buddha der der Zukunft, der Bräutigam zurückkehrt. Und so gilt für jeden von uns der Auftrag, mitzuhelfen, das Paradies aufzubauen und durch Spenden und caritatives Engagement sich ein gutes Karma zu schaffen.

Vielleicht ist das **Mitleid** als Christus- und Buddha-Eigenschaft der geeignete spirituelle Weg für uns, um durch Spenden und humanes karitatives Engagement spirituell und emotional zu reifen und in Frieden mit Gott und der Natur in das Ewige einzugehen. Wer viel gibt, wird in Ewigkeit auch viel empfangen! Und vielleicht sollten wir auch bundesweit die direkte Demokratie einführen, um so per Volksentscheid

auch die Steuern in eine karitative Richtung zu lenken und allerlei Gutes zu bewirken. So erfüllt sich das Ideal der **französischen Revolution** und die politische Geschichte nimmt noch ein gutes Ende.

So entlasse ich Sie, liebe Leser, in eine Welt, die nicht bleibt wie sie ist und darum noch viel Schönes und Spannendes zu bieten hat. Ich freue mich auf diese Zeit und hole schon einmal mein schönes Kostüm aus dem Schrank für die Feste eines paradisischen Neobarock-Zeitalters, das nun bald beginnt.

So dann, mit kaiserlichem Gruße und Bum Shanka

Jakob der 18.

Der Kronprinz von Mozart

Der Weltenfrühling

Der Weltenfrühling bricht herein.
Ganz leise lockt sich Traumesschaum
ins Schlafgemach der Ewigkeit
und schäumend spült der Göttertraum
in Zeit und Raum.

Zuerst den Sehenden geoffenbart
nun auch dem Bürger sich gepaart.
Durch Medienwerk und Druckerstaub
die Tinte nun geflossen
das Dunkle ist wie Zucker taub
die Samen sind gesprossen.
In jedem Blick Erkenntnis ruht
wir waren einmal des Bösen Brut
doch gereinigt und geläutert
das Pferd noch nicht gescheut hat.
Die Weide will sich grünen
wir uns mit Mutter Erde hier versühnen
- der Weltenfrühling bricht herein.

Des Dichters Worte nicht verzagen
wir ihn wohl einmal im Museum fragen
wo kommen wir her, wo gehen wir hin
das sei der meinige Lohngewinn
wenn ihr Erkenntnis habet
Euch reich an grünen Zeichen habt gelabet
und Euch ein JA gegeben ist.

So nun mit Hoffnung grünt voran
das Reich kommt bald, nicht irgendwann

Jakob der 18.

Der Kaiser von Deutschland

Mozart

Jakob der 18., letzte Reinkarnation von Leonardo Da Vinci, in diesem Leben dänischer Adliger und Heinrich-Heine-Nachkomme, ist der Kaiser aus Gottes Gnaden von Deutschland. Schon als Kind zu Höherem berufen, wurde er hochstudierter Künstler, schuf meisterhafte Werke und engagierte sich in der Politik. Auf einer philosophischen Reise durch die Zeit begegnen wir einem Leonardo, der noch jung und in das Leben verliebt ist und auf abenteuerliche Weise zu einem Kaiser wird.

Jetzt im Buchhandel!

Als Gegenleistung für eine Spende für die Künstlerkolonie des Kaiserreich Fantasien können Sie bis zu 38 Bilder des **Künstlers Jakob der XVIII** für Drucke auf Leinwand, Poster, T-Shirts etc. kostenlos herunterladen.

Besuchen Sie unsere Internetgalerie:

www.Der-Kaiser-von-Deutschland.de

Buddha-TV.com

Im Mai 2011 geht unser Internet-Fernsehen Buddha-TV auf
Sendung. Zu sehen gibt es Video-Clips noch unentdeckter
Hamburger Künstler, spirituelle Musik-Clips, eine Lesung
aus der Bhagavad Gita und spirituelle traditionelle indische
Musik in Form von Konzert-Mitschnitten, eine spirituell-
politische Talkshow – Ideal – hält Sie über den Fortgang
der Revolution am Laufenden und Sie können uns Fragen
zusenden um an der Revolution zu partizipieren.

Alles weitere unter:

www.Buddha-TV.com

Quellenangabe

1. Jakob Lorber, Die Wiederkunft Christi, Lorber-Verlag

2. Neue-Welt-Übersetzung der Heiligen Schrift, revidiert 1986

3. Nostradamus, Prophezeiungen bis 2050, Cormoran

4. Kim Knott, Der Hinduismus, Reclam

5. Christus, Krishto, Krishna, BBT

6. A.C. Bhaktivedanta Swami Prabhupada, Bhagavad-Gita, The Bhaktivedanta Book Trust

7. Damien Keown, Der Buddhismus, Reclam

8. Volker H.M. Zotz, Maitreya, Kontemplation über den Buddha der Zukunft, Gauke

9. Der Koran, Heyne

10. Adel Th. Khoury, Islam kurz gefasst, Knecht

11. Norman Solomon, Judentum, Reclam

12. Gerhard Maier, Er wird kommen, R. Brockhaus

13. Sadhu Sundar Singh, Gesammelte Schriften, Christliches Verlagshaus

14. Gerold Dommermuth-Gudrich, 50 Klassiker Mythen, Gerstenberg

15. Macho, Moser, Subik, Ästhetik, Reclam

16. Harlan, Rappmann, Schata, Soziale Plastik, Achberger

17. Heinrich Heine, Werke in fünf Bänden, Band 3, Könemann

Herzlichen Dank an alle Rabbis, Brahmanen, Imamen, Theologen und Tibetologen, die ihre Weisheit mit mir teilten.

Der Autor studiert(e) an der
Hochschule für bildende Künste (HfbK) Lerchenfeld
und an der von Joseph Beuys gegründeten
„Freien Internationalen Hochschule für Kunst und inter-
disziplinäre Forschung" (FIU/Forschungsstätte für eine
gesamtgesellschaftliche Alternative), Friedensallee,
Hamburg und am theologischen Seminar Hamburg